Martin Kolek (HG.)
für

Mohamed und Maryam

NEULAND

mission-possible

Hinschauen-Erkennen-Entscheiden-Handeln

EinDENKdochMALundLESEBUCH

KolekVerlag
Delbrück

ISBN 978-3-98-191119-0

Copyright KolekVerlag
Alle Rechte vorbehalten
1. Auflage Februar 2017
2. Auflage Juni 2018
Satz und Umschlaggestaltung: Martin Kolek
mit Verwendung von Fotos
von Christian Büttner und Andreas Kuno Richter, Berlin
KolekVerlag 33129 Delbrück

Dank an Alle, mit denen Neuland möglich wird.
Besonderen Dank an alle Beteiligten, den Lektoren, Prof. Dr. Bernadette Grawe, Dr. Inge Philliper und Dr. Waltraud Teigeler auch für die Übersetzungen, Eckhard Kohle, meiner Familie und Freunden.

Sea-Watch Crew 3 im Mai 2016
Foto: Barbara Held

Wer dieses Buch kauft,
unterstützt das Projekt

NEULAND - mission - possible

Inhalt

Foto: Christian Büttner

Wofür das Alles?

Jederzeit wieder

Vielleicht eine Seemeile lang trug ich die kleine Leiche ganz nah an mir, mit meinem Körper die Wellen ausbalancierend, - damit ihr nichts zustoße. Einerseits wusste ich, dass das Kind tot war, andererseits fühlte ich, dass es etwas in mir auslöste, dass ich es festhielt... Mir war nach Schreien - ich wusste nicht wohin mit uns beiden - dieses Kind hätte die Schönheit dieser Welt kennenlernen können.
Es war so ruhig, aber ich hörte es permanent fragen: "Was ist los mit Euch auf diesem Planeten, dass ich hier ertrinke?"

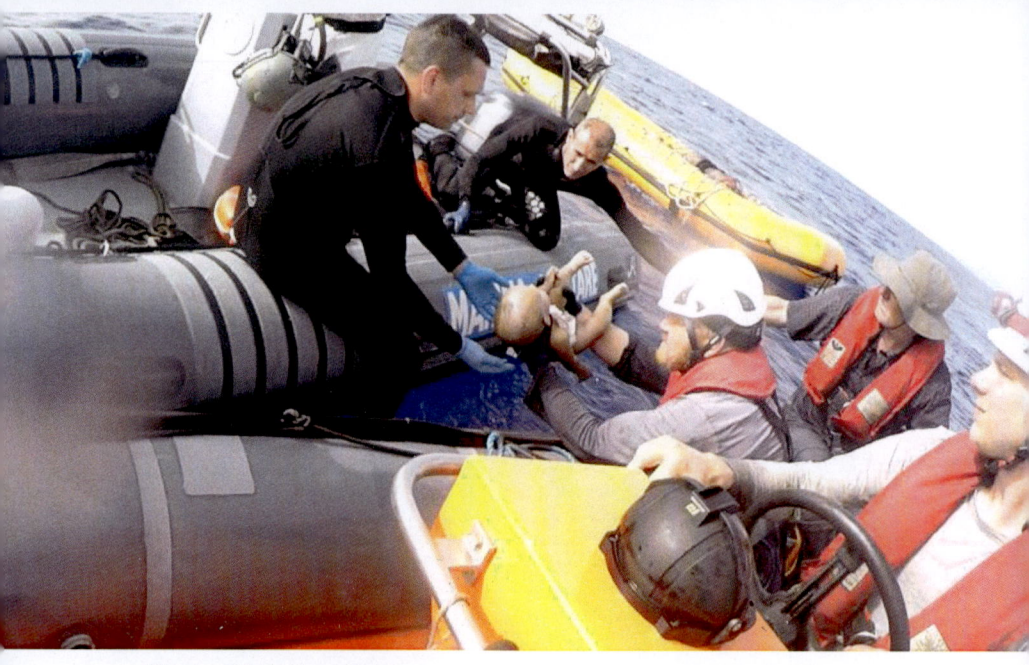

Foto: Christian Büttner

Es war tot, und etwas in mir verband sich mit ihm und so hielt ich es weiter ganz nah bei mir. Und je mehr ich seine Nähe spürte, war mir klar, dass etwas Neues Raum nahm, unmittelbar, - mit einer enormen Vitalität und Klarheit. Ich bemerkte, wie sehr ich mit der aktuellen Situation verschmolz - ich fühlte mich gut aufgehoben, - auf dem Wasser, im Boot zusammen mit drei weiteren Männern.

Keiner sprach - mit klaren, ernsten Augen, angespannten Körpern, die lautlos weinten. Wenn es überhaupt Sinn macht, auf der Welt aktiv zu sein, dann für die Zukunft - für diese kleinen Kinder. Dieses war tot, aber ich hielt es im Arm - und ich wollte ihm die Ruhe geben, sich zu verabschieden und wenigstens uns seine stummen Fragen mitzugeben. Stille im Boot - dies blieb so, auch als wir uns dem Schnellboot des italienischen Küstenwachschiffes der Marine, ´Nave Vega` näherten: Stille. Vier Männer, zwei jüngere, die das Boot führten, zwei ältere in schwarzen Kampfschwimmeranzügen. Sie starrten still auf das Kind in meinen Armen.

Dieter hinter mir und einer der Kampfschwimmer griffen jeweils die Hand des Anderen, um die Boote etwas zu stabilisieren. Der Jüngere übernahm behutsam den kleinen Körper. Keiner sprach.

Ein weiteres Kind, ein kleines Mädchen, hatte ich später im Arm, die Leichenstarre hatte eingesetzt. Ihre Augen waren geöffnet, Wasser lief aus ihren Ärmeln auf meine Arme. Der Wind und die Wellen hatten zugenommen, Wasser schäumte nach jedem Wellenberg aus ihrem Mund, so als würde sie gleich aufwachen, nach Luft japsen. Ihr rechter Arm war lang und starr ausgestreckt, sie hatte offenbar Todesangst durchlebt. Ihre Hand war halb geöffnet und ab und an berührte diese mein linkes Ohr, so wie kleine Kinder es gelegentlich tun. Der Tod war um uns herum, überall. Unsere nackte Angst sucht sich ja immer etwas, auf das wir uns dann stürzen oder das wir bekämpfen können. Hier war es einfach: Wir hatten zu tun, wussten, was gerade anstand. Nur manchmal hörten wir in uns wie aus Echokammern die ungehört verhallten Rufe der Ertrunkenen: „Hört mich hier keiner?"

Foto: Christian Büttner

Loslassen, die toten Körper der Kinder in die Bilge unseres Schnellbootes legen – nicht einen Moment bin ich auf die Idee gekommen. Und gleichzeitig bemerkte ich eine offensichtliche Schwere, eine Last, eine Verantwortung? - Die Kinder waren ´federleicht` zu tragen, aber das, was sie zu sagen haben, das ist eine Herausforderung, der es sich zu stellen lohnt - so viel war klar.

Schlimm waren die Anfragen, als wir von Bord gingen: "Oh wie geht es Dir, oh pass auf dich auf, komm gut wieder an" – So ein Scheiß – dachte ich mir. Dieter, der mit auf dem Boot war, wie auch Christian und Welf: „Es war die Hölle." Die Realität hatte sich verändert, wir waren in der Welt nicht mehr zuhause. Auch nach Monaten: "Bist Du wieder gut angekommen?": „Jaja" [Nein – und ich will auch nicht mehr ´ankommen`, in einer Alltagswelt, in der es vor Abwehrmechanismen vor der Angst nur so wimmelt – schöne Scheinwelt.]

Unmittelbar nach dem Einsatz noch an Bord wie auch in den ersten Wochen nach dem Einsatz wachte ich manchmal nachts auf und um mich herum war ein Gefühl, wie ich es hatte, als wir die Leichen markierten, Benzingeruch, das Quietschen einer Stahlwinde der ´Nave Vega`, die Leichen im Netz an Bord hievte. Es war überall - das Nichts - kalt, unheimlich, leer, - überall.

Erst langsam wuchs in mir das Bedürfnis nach etwas Greifbarem, etwas, das dem offensichtlichen Nichts - kalt und unheimlich - etwas gegen zu setzen hatte: eine Furcht vor etwas halbwegs Konkretem - ´menschlichen, versteckten Totmachern`. Damit wurde ich aktiv - nun galt es anzupacken und diese ´versteckten Totmacher` und deren Strukturen aufzudecken. Diese ´versteckten Totmacher` sind nicht Schlepper oder fremdbestimmte Soldaten, auch weniger Politiker, es sind machtvolle Männer und Frauen und Strukturen, welche Interesse an Konflikten und

Waffenaktivitäten und - Geschäften, Zerstörung von Leben und Interesse an Gewinn und Macht haben. Diese gilt es aufzudecken und final zu entmachten. Wir sind ein Teil davon. Im August 2016 suchte ich nach den Gräbern der Ertrunkenen. In Süditalien, in der Nähe von Reggio Calabria, liegen sie in einem Bergdorf begraben. Von einer Mitarbeiterin des Innenministeriums in Regio Calabria und einem Staatsanwalt wurde mir der Name des kleinen Kindes gesagt: ein Junge: Mohamed Liban aus Somalia.

Das Buch verstehe ich als ein Aufschrei gegen eine absolut sinnlose Welt. Dies beinhaltet, sich zu vernetzen - mit Menschen, die ähnlich fühlen und denken, um eine systematische Aktion zu ermöglichen, um die Angst zu entgiften. Die eigentlichen Initiatoren des Buches sind Mohamed Liban und Maryam Hassan benannt - die beiden gefundenen, ertrunkenen Kinder des Einsatzes am 27. Mai 2016. Beide stehen für die Kinder, für die Zukunft – für die es zu handeln gilt:

Mission possible - Wir leben nur einmal
- never give up - lever doot as slaav.

Martin Kolek

Barbara Held

Ich blicke auf das Mittelmeer, es ist friedlich und wunderschön. Es ist ein Friedhof...

Mein Name ist Barbara. Ich bin Ärztin und Mutter zweier erwachsener Söhne.

Ich liebe das Meer und Schiffe, daher arbeite ich seit gut zwei Jahren als Schiffsärztin.

Während ich dies schreibe, sonne ich mich auf einem Liegestuhl, das kalte Bier und der kühle Swimmingpool neben mir. Um mich herum glitzert das azurblaue Meer, die Sonne scheint, die Wellen wiegen uns sanft und sicher. Ich bin auf einem Kreuzfahrtschiff. Ich habe Pause. Ich arbeite hier.

Ich blicke auf das Mittelmeer, es ist friedlich und wunderschön. Es ist ein Friedhof.

Wir könnten nicht überleben, sähen wir in all der Schönheit um uns herum immer auch gleichzeitig die Grausamkeit, das Sterben und die Vernichtung, die ihr innewohnen. Es ist gut, vergessen, verdrängen zu können. Aber es ist auch gut, immer wieder aufzuwachen und zu erinnern, dass es außerhalb unserer Komfortzone etwas gibt, das nach unserer Aufmerksamkeit schreit.

Ich kann die Balance zwischen meinem persönlichen Glück und dem Horror da draußen nur ertragen, wenn ich zumindest zeitweise handle, mich einmische, anpacke, mit dem Fuß aufstampfe und meine Wut rausschreie, wenn ich diejenigen umarme, die Trost brauchen und die aus dem Wasser ziehe, die ertrinken. Permanentes Wohlfühlen finde ich unerträglich.

Ich lebe ein Leben voller Privilegien. Obwohl ich nicht aus einer reichen Familie komme und als alleinerziehende Mutter und Ärztin auch oft kämpfen musste, hatte ich doch die Voraussetzungen, ein selbstbestimmtes Leben zu führen. Meine Eltern haben als Kinder noch den Zweiten Weltkrieg miterlebt. Das derzeit in der Presse oft gezeigte Bild des kleinen Omran, der dreck- und blutverschmiert dasitzt und nicht weiß, was geschieht – das könnte auch mein Vater sein, gut siebzig Jahre früher, nachdem die Häuser über dem Luftschutzbunker bombardiert worden waren, in dem er Unterschlupf gefunden hatte.

Ich dagegen bin im Frieden geboren. Weiß, europäisch, deutsch, verwöhnt und gefördert von meinen Eltern, ein Mädchen, das die Errungenschaften der Emanzipation bereits genießen durfte, katholisch getauft und dennoch frei im Denken. Ich kann reisen wohin ich will, arbeiten, was ich will, Kinder haben oder nicht, sexuelle Freiheiten ausleben oder nicht, mich kleiden, wie ich will und meine Meinung sagen.

Weil ich weiß bin, europäisch, deutsch.

Das ist nichts, worauf ich stolz bin. Stolz bin ich, wenn ich etwas daraus mache und auch anderen Menschen ermögliche, Chancen zu haben. Auch, wenn sie schwarz, afrikanisch, unterdrückt, zum Schweigen verurteilt, durch Religionen und Propaganda verdummt, traumatisiert, krank, behindert oder vernachlässigt sind.

Das ist es, was ich als Ärztin immer schon tat, tun musste, um dieses Privileg, den schönsten Beruf der Welt zu haben, zu würdigen.

Auf der Seawatch ist jeder Handgriff, den ich tue, ein Dankeschön an das Glück meines Lebens.

Denn: die Kontraste waren krass. Die Weite des Meeres und die Enge auf den Schlauchbooten. Die Einsamkeit des fernen Horizontes und die Freundschaft auf dem Boot. Die Traurigkeit über die neben unserem Boot schwimmenden Toten und die Freude über jedes Kinderlachen und die singenden Frauen, die so unglaublich tapfer waren.

Die Ruhe im Ausguck unter einem blutroten Mond, die flackernden Lichter von Tripolis, die sich im schwarzen Meer spiegelten, und dann der Anbruch des Tages, adrenalingeschwängert vor dem Einsatz, der uns so viel abverlangte.

Die Anonymität der Menschen auf dem Schlauchboot, wenn sie als kleine Pünktchen im Fernglas zwischen den Wellen auftauchten. Die zu Persönlichkeiten wurden, wenn wir mit ihnen redeten und scherzten. Sogar, die, die ertrunken waren und deren Fotos wir in den Händen hielten.

Der Zusammenhalt unserer Besatzung aus Hippies, hierarchieresistent und unerfahren, aber voller Motivation, einfach zu machen statt immer nur zu reden und zu träumen.

Und irgendwo da draußen, hinter diesen abgeriegelten Grenzen, all die, die nicht teilen wollen und die nichts so sehr fürchten wie Veränderungen.

Wenig verwunderlich also, dass ich heulte und lachte, als wir nach unserem Einsatz in den Hafen von Valetta einfuhren.

Mein Wunsch für die Zukunft? Think big.

Ich wünsche mir eine Abschaffung aller Grenzen und Nationen. Ich halte Staatsgrenzen für unnatürlich und schädlich. Sie wurden durch Kriege erstritten oder auf Konferenzen von den Advokaten der Herrschenden mit dem Lineal gezogen. Sie berücksichtigten weder Kulturen noch Sprachen und trennten, was zusammengehörte.

Zusammen mit Religionen, Rassismus, Sexismus, Propaganda und der Profitsucht einiger Mächtiger sind sie geeignet, die Menschheit zu spalten.

Meine Forderungen für die Zukunft?

Etwas weniger pathetisch, etwas mehr pragmatisch, fordere ich die Einhaltung des Grundgesetzes auch gegenüber Menschen anderer Nationen, insbesondere die Einhaltung des Rechtes auf körperliche Unversehrtheit. Das kann nur bedeuten: Sichere Fluchtwege, kein Wegschauen mehr, wo Menschen sterben.

Ich fordere eine intelligente und empathische Integration aller, die sich Hilfe suchend an uns wenden.
Ich fordere eine Übernahme von Verantwortung durch die Menschen und Regierungen, die es sich leisten können.
Den Glauben an die große Politik habe ich längst verloren. Darum: Think small, think locally...

Ich wünschte mir, unsere Kreuzfahrtgäste hier würden dieses Buch lesen und einen Blick aus ihrer Komfortzone wagen. Einmal phantasievoll sein und fühlen, spüren, denken, wie es wäre, auf so einem Schlauchboot zu sitzen, dicht gedrängt mit 150 anderen, von Salzwasser durchnässt, seekrank von den Wellen, die eingeschlafenen Beine in der Enge, der Gestank von Erbrochenem, Urin und Fäkalien, der unmenschliche Durst, die Schmerzen, der Schwindel, die weinenden Kinder in ihren Armen. Die Toten unter ihren Füßen. Die grausame Angst, wenn das Boot sich wieder bedrohlich zur Seite neigt, keinen Halt zu finden, keine Schwimmweste zu haben, kein Land in Sicht, kein Licht, keine Rettung.
Und dann sollen sie sich überlegen, was sie dazu bewegen würde, so eine Reise auf sich zu nehmen. Was müsste geschehen, damit sie bereit wären, diesen Horror selbst durchzustehen?
Wenn sie phantasievoll genug sind und ihre schlimmsten Albträume von Hunger, Krieg, Vergewaltigung, Sklaverei und Schmerzen ausgekostet haben, sollten sie die Dankbarkeit spüren, dass ihr Schiff komfortabel ist, dass das Schlimmste auf dieser Reise ein Sonnenbrand oder ein überfressener Magen ist. Und als nächstes sollten sie Respekt empfinden. Keine Angst vor den Menschen, die einige Seemeilen entfernt von ihnen um ihr Leben kämpfen, keine Angst, dass sie ihnen den Kaviar vom Brot (... die Arbeitsplätze, die Frauen, die freien Wohnungen) klauen. Sie sollten verstehen, dass dies

Menschen sind, die lieber zuhause geblieben wären, die Heimweh haben werden und Angst vor der Zukunft, die hoffen, dass ihre Kinder eine Chance bekommen, die ganz ähnlich sind wie wir alle, wenn wir sie lassen.

barbara.held@posteo.de

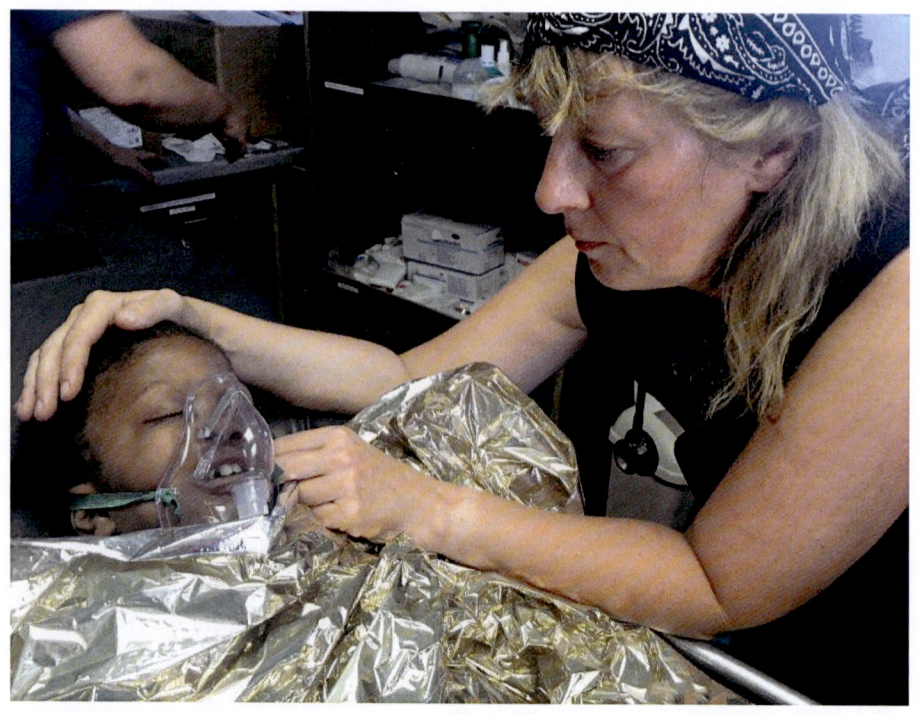

Ferez, unser erster Patient an Bord und Barbara Held
Foto: Andreas Kuno Richter

Andreas Kuno Richter, Reporter:
Es ist da etwas, was ich nur schwer in Worte fassen kann

Mein Name ist Andreas Kuno Richter. Als freischaffender Filmemacher bin ich seit fünfundzwanzig Jahren immer unterwegs auf der Suche nach erzählenswerten Geschichten. Manche meiner Fernsehdokumentationen richten ihren Blick in die jüngere (oft deutsch-deutsche) Vergangenheit. Viele aktuelle Reportagen beschäftigen sich mit engagierten Menschen, die sich um Bedürftige kümmern. Es sind Episoden aus der ganzen Welt. Manchmal nehme ich an Filmexpeditionen teil, die mich zu fremden Völkern z.B.in die Regenwaldgebiete der Erde führen.
Ich bin verheiratet und habe zwei Söhne. Wenn jemand mehr über mich und meinen Beruf wissen möchte, den verweise ich gern auf meine Webseite: www.kunorichter.de - da nämlich gibt es auch einige Videos und viele Links zu den verschiedenen Projekten, an denen ich gearbeitet habe oder für die ich noch recherchiere.

Meine Motivation an Bord des Rettungsschiffes zu gehen war zunächst natürlich journalistischer Natur – ich wollte von den Menschen erzählen, die sich für einen Freiwilligendienst bei Sea-Watch gemeldet haben. Insofern war ich zunächst unsicher, ob ich überhaupt hier etwas schreiben soll. Aber im Prinzip hat mich ja auch das „Hingucken und Handeln" getrieben, einen Film zu machen. Ich habe also eine andere Perspektive. Und immerhin kann ich, dank meines Berufes, sagen, was die Crew mir erzählt hat. Es waren dreizehn Leute an Bord (mich eingeschlossen) und alle wollten und wollen nicht akzeptieren, dass so viele Menschen in aller Öffentlichkeit vor den Augen Europas und der ganzen Welt einfach ertrinken. Frauen, Kinder, Männer, Babys. Am Anfang des Törns sprach ein Notfallseelsorger in mein Mikrofon: „Das, was die Freiwilligen hier bei Sea-Watch machen, das predige ich mein Leben lang von der Kanzel. Es ist gelebte Nächstenliebe." Ich bin nicht religiös, aber die Worte stimmen einfach. Gelebte Mitmenschlichkeit. Carola, Kapitän des 3. Sea-Watch-Einsatzes 2016, hat mir gesagt, dass es in Deutschland zigtausend Menschen gibt, die sich für Flüchtlinge einsetzen – ehrenamtlich. So wie die Leute auf der Sea-Watch. Mich hat das motiviert, möglichst nah zu zeigen, was die Freiwilligen auf dem 33-Meter-langen Hochseekutter auf sich nehmen. Oft sehen wir Fernsehnachrichten und kennen die Geschichten vor und nach der Nachricht nicht. Wir wissen kaum etwas über die Menschen in den Geschichten. Ich bin ganz froh, dass es im deutschen Fernsehen tatsächlich dafür Zeit gibt, ich meine damit Sendezeit, in diesem Fall in der Kirchenredaktion von RTL. Viele wissen gar nicht, dass es sowas überhaupt gibt – aber das ist tatsächlich eine sehr wichtige Nische für Filmemacher.

Ich bin als Journalist an Bord gegangen und ich habe mich außerdem bereit erklärt, als Helfer an Bord zu arbeiten. Vor 40 Jahren (mein Gott, wie die Zeit vergeht!) wurde ich in Rostock in einem großen Betrieb zum Vollmatrosen der Hochseefischerei ausgebildet und bin zur See gefahren. Deswegen wusste ich, dass an Bord jede Hand gebraucht wird. „Daneben stehen geht nicht" heißt es deswegen im Filmtext...

Es gab viele prägende Erlebnisse in den zwei Wochen auf der ´Sea-Watch2`. Man kann sie (fast alle) in der Reportage sehen. Aber ich erinnere mich an einige Gespräche, als die Kamera nicht gelaufen ist. Da hat der erste Maschinist Till zu mir einmal gesagt: „Kuno, Ihr seid zwar unsere Journalisten an Bord, aber ihr seid auch zu hundert Prozent Teil der Crew."

Das hat mich sehr berührt. Da war plötzlich dieses Vertrauen da – dem Journalisten gegenüber. Es ist ja auch oft etwas „belastend" wenn da einer mit der Kamera rumläuft, hier waren wir sogar zwei. Es oft wirklich nicht einfach, die notwendige Distanz zu wahren und gleichzeitig nah dran zu bleiben. In dieser Reportage, in der es um die Rettung hunderter hilfloser Menschen ging, da habe ich keine Distanz gebraucht. Ich war angetan von der Professionalität der Sea-Watch-Mannschaft. Da waren ja auch seemännische Laien dabei, die in wenigen Stunden ausgebildet werden mussten. Und es gab diese große Emotionalität, die hat alles verbunden.

Wer den Film ´Am Limit, - Zeugen der Katastrophe im Mittelmeer´ anschaut, sieht, was ich meine. Es ist da etwas, was ich nur schwer in Worte fassen kann. Ich habe in knapp drei Wochen Frauen und Männer kennengelernt, die ein großes menschliches Tun verbindet und die ich alle als meine Freunde bezeichnen würde. Ich treffe in meinem Beruf wieder und wieder nette, großartige Menschen, auch mal weniger nette Typen – aber so etwas wie auf der Sea-Watch hatte ich noch nicht erfahren. Neben all der physischen Anstrengung haben wir sehr emotionale Momente gemeinsam erlebt, auch tragische Augenblicke. Wenn man davon schreibt, wie großartig der gemeinsame Geist an Bord gewesen ist, wie alle verbunden waren, obwohl sie sich kaum kannten, dann klingt das vielleicht etwas pathetisch. Aber so war es. Es gab ein Abschiedsgespräch im Camp in Valletta. So etwas habe ich nie zuvor erlebt. Und wenn ich an die Verabschiedung von der Gruppe denke, kommt mir eine Gänsehaut, immer noch.

Ich hoffe weiterhin Geschichten über so engagierte Menschen erzählen zu können, Fernsehreportagen, die

Hoffnung zeigen, die sensibilisieren. Ich möchte Mut machen und sagen, es gibt viele Menschen, die genau hinschauen und die sich einmischen, die etwas tun.

Andreas Kuno Richter
Foto: Christian Büttner

Natürlich will ich, dass endlich dieser tausendfache Tod im Mittelmeer aufhört, dass es legale Wege gibt. Der Wahnsinn muss gestoppt werden! Es ist unerträglich, dass politisch Verantwortliche eine Ewigkeit lang streiten, reden und reden, während tausende Menschen sterben. Martin sagte mir: „Wir leben 2016, können zum Mond fliegen und lassen zu, dass sowas im Mittelmeer passiert."
Ich bin in der DDR geboren, bin dort aufgewachsen. „Alles zum Wohle des Volkes!" war eine der unendlich vielen sozialistischen Losungen (besser Phrasen). Damals wurde

bewusst verschwiegen, dass Menschen an der Grenze zum Westen erschossen worden sind. Es gab auch DDR-Bürger, die mit dem Schlauchboot über die Ostsee in die Freiheit fliehen wollten. Einige fanden dabei den Tod. Mir wird übel, wenn ich heute in Ostdeutschland Menschen höre, die allen Ernstes davon faseln, das Boot sei voll!

info@kunorichter.de

Janek, 24, Maschinist

Sich der Verrohung unserer Gesellschaften verweigern

Meine Motivation, für Sea-Watch zu arbeiten, war eine nicht ganz uneigennützige, für mich war es eine Möglichkeit, mich der Verrohung unserer Gesellschaften zu verweigern. Es war eine Möglichkeit, etwas gegen die vermeintliche Ohnmacht zu machen, und beides hat funktioniert.
Zum einen ist es wie in vielen Projekten, die sich mit Menschen beschäftigen: Du lässt die eigenen Abgrenzungsmechanismen gegenüber Andersartigkeit oder Armutszuständen in dem Moment fallen, in dem du mit den Menschen lachst, rauchst, trinkst und vielleicht auch weinst. Die Momente, in denen ich an mir selbst wahrgenommen habe, dass ich den Menschen primär als Mensch und nicht als Flüchtling erkannt habe, geben mir auch weiterhin sehr viel.

Ich will nicht damit sagen, dass ich dort an Bord den Humanismus für mich entdeckt habe, aber ich habe ihn in vieler Weise bestätigt gesehen. Sei es, dass ich die Crewmitglieder in unserer Mission dabei beobachtet habe, wie sie ihre Distanz zu den Menschen aufgegeben haben und getan haben, was getan werden musste, oder dass ich den Menschen aus den Booten sowohl in ihrer Würde als auch in ihren Nöten begegnet bin.

Dazu gerne zwei Beispiele: Zum einen sind wir im letzten Einsatz einer Mutter begegnet, die mit drei kleinen Kindern unterwegs war. Wenn ich darüber nachdenke – alleine mit drei Kindern unterwegs zu sein, und sei es nur zum Einkaufen, das kann schon außerordentlich anstrengend sein. Diese Verantwortung über so einen Zeitraum und unter den schon so oft geschilderten Umständen zu tragen, ist einfach nur beeindruckend und bewundernswert.

Das andere Erlebnis, dass ich schildern mag, war bei unserer ersten Aufnahme von Menschen an Bord.

Wir wollten eine an den Füßen Verletzte und Kreislaufschwache zum Klo bringen. Ich trug sie auf dem Rücken die Treppe hinunter. Mein Kollege wollte eine weibliche Kollegin holen. Ich setzte sie auf einen Hocker, die Frau war so erschöpft, dass sie sich an meinem Arm festhielt. Da mein Kollege mich aus Versehen vergessen hatte, dauerte diese Situation an die 15 Minuten an. Ich hab generell nicht so viele Hemmungen vor der Nähe zu Menschen, wenn es ihnen schlecht geht. Aber dass eine komplett fremde Frau diese Nähe aufgrund ihrer Situation von sich aus annimmt, war für mich ein bewegender Moment.

Ich denke, dass es wichtig ist, die Nöte der Menschen zu sehen und was dagegen zu machen, aber diese Menschen nicht darüber zu definieren – um es deutlich zu sagen: das sind keine Opfer.

Dass (diese) Menschen keine Opfer sind, ist ein Punkt, den ich gerne stärker nach außen kommunizieren würde. Der andere Punkt ist, dass ich denke, dass wir mit dem Moralismus oder, wie ihn viele nennen: ‚Political Correctness', aufhören und wieder zu einem Humanismus kommen sollten. Nur, weil du keine rassistischen oder sexistischen Ausdrücke verwendest, heißt das nicht, dass du nicht auch Rassismen oder Sexismen in dir hast. Jeder hat diese in sich, weil es oft die einfachste Erklärung ist. Wichtig ist aber, sich sein ganzes Leben mit diesen falschen Vorstellungen auseinander zu setzen und sein Welt- und Menschenbild stets zu reflektieren. Die effektivste Methode ist die Konfrontation, um es konkret zu sagen, musst du Momente schaffen, in denen du den Menschen begegnest. Deshalb ist auch einer der wichtigsten Aspekte der Integration, dass sich Menschen begegnen.

Das ist es auch, was ich mitgenommen habe von den Einsätzen. Die Menschen, die uns dort begegnet sind, sind keine unbestimmte Masse mehr.

Wenn wir das konsequent weiterdenken, folgt daraus eine Erkenntnis, die in ihren Konsequenzen ungeheuerlich ist. Diese Menschen haben das gleiche Recht auf ein Leben in Sicherheit, Freiheit und Wohlstand. Das klingt banal, aber wenn wir dies als Maxime für unser politisches, soziales und kulturelles Handeln nehmen und das mit aktuellen gesellschaftlichen Entwicklungen vergleichen, dann sehen wir, dass noch viel zu tun ist.

Thomas Barkowski

Visionen greifen weiter als Wünsche. Und sie dürfen auch größer sein, als das, was uns gerade realisierbar erscheint

Mein Name ist Thomas Barkowski. Ich bin evangelischer Pfarrer. Nach fast zwanzig Jahren in der Gemeindearbeit bin ich seit 2001 als theologischer Referent in einer Fortbildungseinrichtung der Evangelisch-Lutherischen Kirche für Religionslehrer*innen in Bayern tätig. Seit 1993 bin ich als Notfallseelsorger tätig. Menschen in dramatischen Lebenssituationen und in Not seelischen Beistand zu geben in weltanschaulicher Neutralität, das ist mein Anliegen. Ich verschweige meinen religiösen Hintergrund nicht, aber das Angebot, das ich machen kann, ist in erster Linie eine psychologische Unterstützung. Im Rahmen dieser Tätigkeit bin ich auch ausgebildet, Einsatzkräfte bei der Bewältigung belastender Einsätze zu unterstützen. Diese Unterstützung folgt dem Modell von SbE (Stressbewältigung nach belastenden Ereignissen).

Meine Tätigkeit in der Schule hat mich motiviert, innerhalb Bayerns ein Team zur Begleitung von Schulen in Krisen aufzubauen, das seit 2012 tätig ist und mittlerweile 35 Personen umfasst. Das von mir geleitete NOSIS-Team (Notfallseelsorge in Schulen) arbeitet in Bayern zusammen mit katholischen und schulpsychologischen Teams.

Privat bin ich (seit 2007) in zweiter Ehe verheiratet mit Heike. Sie hat zwei, ich drei Töchter mit in die Ehe gebracht, die mittlerweile alle erwachsen sind.

Mein Engagement im Krisenbereich hat sicher mehrere Gründe. Zum einen interessiert mich das Leben von Menschen mit Licht und Schatten. Ohne diese Neugier, so glaube ich, ist wohl kaum jemand zu Sea-Watch gestoßen. Diese Eigenschaft hat mich in meinem Leben immer wieder dazu gebracht, mir neue Aufgaben zu erschließen. Dass es gerade ein Bereich geworden ist, in dem ich häufig mit Tod und Trauer konfrontiert bin, hat sicher noch tiefere Gründe. Meine Mutter ist sehr bald nach meiner Geburt gestorben ist und ich bin als Halbwaise aufgewachsen. Ich habe zwar den Verlust meiner Mutter als Säugling nicht bewusst wahrgenommen war, aber ich bin doch in der Angst aufgewachsen, es könnten mich auch andere Menschen verlassen.

Meine christliche Erziehung hat mich früh in Kontakt mit einer Gemeinde gebracht, in der ich mich dann als Jugendlicher und junger Erwachsener ehrenamtlich engagiert habe. So ist diese freiwillige Mitwirkung ist für mich – und für uns als Familie - zu einer Selbstverständlichkeit geworden. Ich hatte viele Vorbilder dafür.

Unser Miteinander in der Gesellschaft wird in vielen Bereichen getragen von ehrenamtlichem Engagement. Nicht immer findet es die Anerkennung, die es verdienen würde. Was etwa die regionalen Unterstützerkreise für Flüchtlinge leisten, finde ich zum Beispiel außerordentlich beeindruckend.

Meine Tätigkeit im Rahmen von Sea Watch konzentrierte sich vor diesem Hintergrund auf die psychologische Unterstützung der Einsätze und auf die Koordination dieser Unterstützung.

Diese Unterstützung sah so aus: Die Crew, die ihre Mission auf der Sea-Watch vor sich hat, wird von geschulten Mitarbeiter*innen auf den Einsatz vorbereitet, mit den zu erwarten Belastungen vertraut gemacht.

Dazu gehören Überlegungen zur Teambildung an Bord, Hinweise zum Umgang mit Stress und Trauma, Informationen darüber, wie eine ernsthafte Belastung zu erkennen ist. Gemeinsam wird geklärt, welche Regeln man für den

Umgang mit Flüchtlingen an Bord aufstellen könnte. Und schließlich, vor allem auf dem Hintergrund der zahlreichen Toten, mit denen die Crews in diesem Jahr 2016 konfrontiert war, die Überlegung, wie mit den Toten, die aufgefunden werden, würdevoll umgegangen werden kann. Nicht zuletzt wird auch angesprochen, welche Rolle dabei die jeweils persönlichen Belastungsgrenzen spielen und welche weitergehenden Unterstützungsangebote es gibt. An diesem Briefing beteiligten sich nach Möglichkeit alle Crewmitglieder. Ähnliche Teambesprechungen (Debriefing) fanden jeweils nach dem Einsatz statt. Dabei steht das Erlebte im Mittelpunkt, die Frage nach den besonderen Belastungen, die aufgetreten sind, und der Austausch darüber, wie diese Belastungen in den kommenden Wochen gut verarbeitet und

Foto: Thomas Barkowski und Ingo Werth in Malta

bewältigt werden können. Wie kann eine gute Re-integration in den Alltag gelingen?

– Das ist eine nicht ganz einfache Aufgabe, denn durch den Einsatz unter sehr extremen und ungewöhnlichen Bedingungen fällt es oft schwer, die Normalität und Banalität des Alltags und des persönlichen Umfelds zu „ertragen" und sich in diesem Alltag neu zu beheimaten.

Neben diesen Teamsitzungen sind es vor allem informelle Einzelgespräche, die meine Einsätze für Sea-Watch prägten – und das Zusammenleben mit der Crew, im Camp, auf dem Boot.

Siebenmal war ich in dieser Funktion in den Jahren 2015 und 2016 für Sea-Watch tätig. Dazwischen koordinierte ich die Einsätze der anreisenden Kolleg/innen, half und beriet bei der Vorbereitung und reflektierte mit ihnen hinterher den Einsatz. Wenn ich zurückdenke, bin ich beeindruckt von der Begegnung mit den Menschen, die sich in Sea-Watch engagieren. Ganz unterschiedliche „Typen" und Persönlichkeiten, junge und ältere Menschen lassen sich von einer gemeinsamen inneren Motivation bewegen. Ihnen geht das Elend ertrinkender Bootsflüchtlinge so „an die Nieren", dass sie dem Sterben nicht untätig zusehen wollen.

Mit ihrem Engagement ist in der Regel auch eine politische Einstellung verbunden und eine gemeinsame Missbilligung der europäischen Flüchtlingspolitik. Aber im Mittelpunkt steht letztendlich eine ethische Basismotivation, Menschen in Not helfend beizustehen. Ich finde und fand darin den Grundsatz christlicher Nächstenliebe wieder, den Jesus so beschreibt, dass demjenigen Menschen als „Nächstem" beizustehen ist, der auf meine Hilfe angewiesen ist. Wenn ich an die so unterschiedlichen Persönlichkeiten denke, die mir bei Sea-Watch begegnet sind, so hat mich immer wieder beeindruckt, wie welch hohes Maß an Individualität sie mitbringen, wie sie sich zusammengefunden haben, ja zusammengewachsen

33

sind unter der gemeinsamen Aufgabe und Herausforderung. Diese Begegnungen waren mir ein sehr großer Gewinn, sie haben mein Leben bereichert und mir Hoffnung gemacht. Und schließlich waren da die bewegenden Momente in den Teambesprechungen, die ich nach den Einsätzen geleitet habe. Wenn sich die Crewmitglieder in den Armen lagen, sind oft viele Tränen geflossen, und es war eine große Nähe zu spüren. Oder wenn der ein oder die andere aus der Crew von den Emotionen übermannt wurde, in Erinnerung an schlimme Momente der erlebten Mission, und dann andere neben ihm/ihr tröstend den Arm um sie/ihn legten. In den Nachgesprächen und in Einzelgesprächen haben viele Crewmitglieder ihre inneren Bilder ausgesprochen. Ich habe immer wieder dazu eingeladen, ein Bild zu beschreiben, eine Erinnerung, einen Moment, den man mitnehmen wird aus dem Einsatz. Und so habe ich eine ganze Menge sehr bewegender und sprechender Erinnerungen und Bilder aus den Einsätzen für mich gesammelt.

Auch wenn ich die Erfahrungen nicht selbst miterlebt hatte, konnte ich sie mir vorstellen und die Empfindungen, die damit verbunden waren, nachspüren. Das fröhliche Kind, das – gerettet – seine Lebensfreude neu entdeckt. Der zutiefst dankbare Blick des zu Tode erschöpften Mannes, der sich ausstrecken und hinlegen darf und eine Hand in seiner eigenen Hand spürt. Auch das tote Baby, das noch ein letztes Mal auf den Armen gewiegt wird und eine liebevolle Geste empfängt, hat sich mir tief eingeprägt, als Bild, das durch die Weltpresse ging, aber auch als Abbild in dem was die erzählen, die Zeugen waren.

Mein Engagement ist im christlichen Auftrag zur Nächstenliebe verankert. Was Jesus meint, wenn er dazu auffordert, den Nächsten zu lieben, zeigt sich in einer Geschichte, die er erzählt. Sie spielt auf der unwegsamen, gefahrvollen Passage zwischen Jericho und Jerusalem. Ein

Reisender wird überfallen und ausgeraubt, fast totgeschlagen. Die, die vorüberkommen, eilen schnell weiter. Nur einer, ein Ausländer, nimmt sich seiner an, weil er seine Hilfsbedürftigkeit erkennt. Den Nächsten zu lieben bezieht sich also nicht auf die Menschen, die mir am nächsten stehen, sondern auf jene, die auf (meine) Hilfe angewiesen sind. Dass all denen Hilfe zuteilwerden kann, die sie dringend benötigen, das wäre mein Wunsch für die Zukunft und dafür möchte ich mich mit meinen begrenzten Mitteln einsetzen. Menschen, die auf der Flucht sind, die Elend und Krieg entkommen wollen und dabei in Lebensgefahr geraten, brauchen unsere Hilfe. Visionen greifen weiter als Wünsche. Und sie dürfen auch größer sein, als das, was uns gerade realisierbar erscheint. Ich freue mich, wenn Menschen, die Zuflucht suchen, bei uns Sicherheit finden. Ich weiß, dass es ein schwerer Weg dahin ist, dass dieses neue Land Heimat wird, und ich spüre die große Skepsis unter den Menschen in Deutschland. Aber auch unter den Flüchtlingen gibt es Unsicherheiten: ihre Kultur, ihre Religion, ihre Sprache – viele Hürden erschweren eine gelingende Integration.

Ich erlebe in dem fränkischen Dorf, in dem ich lebe, kleine Schritte auf diesem Weg. Da backen Flüchtlinge mit uns am Dorfbackofen fränkisches und arabisches Brot. Sie schmücken ein Adventsfenster, sie drücken darin ihre Friedenssehnsucht aus, und wir Christen hören, was im Koran über Maria, die Mutter Jesu steht. Martinslaternen haben wir gemeinsam gebastelt und wir sind mit ihrem Licht durchs Dorf gezogen. Und manchmal erzählen die Flüchtlinge von den schrecklichen Erlebnissen. Wir sind betroffen – aber dann lachen wir auch zusammen und freuen uns über den Frieden bei uns. Sichere Wege für Menschen die um ihr Leben fürchten, sichere Wege in eine sichere Zukunft, das wäre gut.

Meine Vision reicht aber noch weiter: Wie gut wäre es, wenn es keinen Grund mehr gäbe, die Heimat zu verlassen, keine Angst, keine Bomben, kein Elend. Ich weiß, ich weiß: kaum vorstellbar. Aber träumen ist erlaubt. Ich sehe unsere Regierungen in der Pflicht, nicht nur in unserem Land, sondern im europäischen Miteinander und im Kontext der Weltgemeinschaft die Verständigung über eine sinnvolle Lenkung der Flüchtlingsströme herzustellen. Das kann nicht wenigen Nationen aufgebürdet bleiben. Da ist Solidarität gefordert.

Man könnte einwenden, es sei leicht, die Verantwortung einer Gruppierung, einer Partei, einer Gruppe zuzuschieben. Denn was ich jemandem zuschiebe, schiebe ich ja gleichzeitig von mir weg. Deshalb sehe ich in allererster Linie mich selbst in der Pflicht. Als Christ denke ich, dass Menschen, die sich als Christen verstehen, alle, die aus ihrer persönlichen oder weltanschaulich begründeten Ethik heraus eine vordringliche

Aufgabe darin erkennen, Menschen in Notlagen zur Seite zu stehen, sich engagieren müssen.

Die verbindende und stützende Kraft dieses gemeinsamen Anliegens habe ich im Kreis der Aktivisten von Sea-Watch sehr deutlich gespürt. Das Engagement hat uns stark gemacht, was sich da entwickelt hat, ist in den Stürmen gewachsen: in den Stürmen vor der libyschen Küste auf dem Mittelmeer, aber auch im Widerstand gegen diejenigen, die uns aufhalten wollten, unsere Hand denen auszustrecken, die vom Untergang bedroht sind.

Barkowski.rpz-heilsbronn@elkb.de

Brendan Woodhouse

Es ist ein globales Thema, für das wir alle zusammen Verantwortung tragen

Ich bin Brendan Woodhouse, früher war ich beim britischen Militär im Medizinischen Bereich. Ich war auch in Afghanistan im Einsatz. Zur Zeit bin ich Feuerwehrmann - mit 14 Jahren Erfahrung - und aktuell im Stadtzentrum von Nottingham im Einsatz. Ich habe zwei Kinder, einen Hund, eine Gitarre und sonst nichts. Schon immer habe ich aus freiem Willen Menschen geholfen. Ich habe schon als Jugendlicher im Krankenhaus gearbeitet. Ich bin der festen Überzeugung, dass wir allen Menschen helfen sollten. Als Freiwilliger habe ich in Lesbos bei der Rettung von in Seenot befindlichen Migranten geholfen. Dort bin ich auf ´Sea-Watch` aufmerksam geworden und habe dann im März mit Sea-Watch an der Küste in Griechenland gearbeitet.

Der bedeutendste Moment meiner Einsätze zur Rettung von flüchtenden Migranten war, als ich ein 5 Monate altes Baby 70 Meter entfernt kopfüber im Wasser treibend sah und schwimmend rettete und am Strand wiederbelebte.

Im März habe ich vor Lesbos viele Menschen erlebt, die mit ihrem Boot kenterten und ertranken. Wir haben Viele retten können.

Ich kümmere mich nicht um Politik. Wer sollte dieses Buch lesen? Jeder! Es ist ein globales Thema, für das wir alle zusammen Verantwortung tragen.

Ich hoffe und träume, dass es vielleicht gelingt, dass wir

1. die Gründe für eine Flucht beseitigen, keine Waffen liefern und keine Diktatoren und korrupte Regierungen mit Waffen versorgen; Afrika nicht mehr ausbeuten, und das gilt auch für andere Regionen der Erde, die Erderwärmung reduzieren und andere Rahmenbedingungen für klimatische Krisen.

2. – wenn wir erkennen, dass wir all die Gründe und Bedingungen dafür, dass Menschen fliehen nicht beheben können, dann sollten wir sichere Wege bereiten, damit die Menschen überleben und zu uns kommen können.

3. besonders Regierungen und die Bevölkerung, die Organisationen beginnen, die Menschen mit mehr Menschlichkeit aufzunehmen. Sie brauchen keine Zelte und Ausrüstung, - sie brauchen ein Zuhause und Arbeit.

Vor Korakas, Dezember 2015 war ein Boot gesunken, nicht weit vom felsigen Ufer. Es hatte sich etwa 200 Meter vor dem Leuchtturm am Felsen die Luftkammern zerstört. Es war 10 Minuten vor 6 Uhr morgens, als ich sie vom Ufer sah, weckte die anderen: wir waren zu acht und konnten siebzig Menschen retten! Sie kamen bis etwa 30 Meter bis vor die Uferfelsen. Ich schwamm zu den Ertrinkenden, viele hatten keine Rettungsweste, oder sie waren nicht richtig befestigt. Mütter und Väter schrien die Namen ihrer Kinder, Kinderschreie, wild, in Panik - ich vergesse dies Schreie bis heute nicht. Ich bin lange bei der Feuerwehr, aber ähnliches habe ich nie erlebt. Ich schwamm zu ihnen, vorbei an japsenden in Rettungswesten. Eine Mutter hatte ihr Kind verloren, sie hatte eine Rettungsweste, aber das Kind hatte keine - es war zwei Jahre alt - ich schwamm mit ihm zum Ufer, - der Blick und die Panik war unmittelbar. Am Strand zeigte

eine gerettete Frau auf einen kleinen schwarzen Körper, der im Wasser schwamm. Ich schwamm wieder los, griff den kleinen Körper, der in eine Decke eingewickelt war und nicht mehr atmete und strampelte mit meinen Beinen und immer mit einem Arm zum Ufer, presste das Kind heftig. An Land habe ich es beatmet, - es kam zu sich und schrie - ein wunderbarer Moment. Dann wurde es versorgt und in ein Krankenhaus gebracht und es war in Sicherheit. [...]
Foto: Brendon Woodhouse

Foto: Brendon Woodhouse

17. März 2016 vor Palios:
Wir waren mit unserem Schnellboot unterwegs und sichteten zwischen Korakas und Palios ein weißes Boot. Auf diesem waren etwa 100 Menschen. Im Unterdeck klopften die Menschen an die Scheiben, weil das Wasser stieg. Zuerst retteten wir diejenigen, die schon im Wasser waren, - Eltern

warfen uns ihre Kinder entgegen,- in der Hoffnung, dass wenigstens diese überleben. Wir hatten unser Boot voll mit Kindern unter fünf Jahren, es war furchtbar, - die Schreie, das schrille Schreien, - nicht zu vergessen - aber sie lebten. Wir fuhren sie an Land und kamen zurück. Wir holten alle aus dem Wasser. - Alle haben überlebt. Auf der letzten Fahrt sprach ich mit einem jungen Mann, einem Afghanen, er lebte lange in London, dann hatte er sich einer Hilfsorganisation in Afghanistan engagiert und die Rückkehr nach Hause in London war ihm nicht mehr legal möglich. Es war ein großartiger Kontakt.

Foto: Brendon Woodhouse

Carola Rackete, (28)

nautischer Wachoffizier in der Forschungsschifffahrt

"wenn ihr überhaupt niemand anderen finden könnt, der besser qualifiziert ist, dann werde ich es machen"

Von Sea-Watch hatte ich über eine Bekannte von Greenpeace schon im Frühjahr 2015 gehört und ich war grundsätzlich sofort bereit mitzumachen. Zu diesem Zeitpunkt war das Projekt aber zum Glück mit Emails von Hilfsbereitschaft überflutet und da ich viel unterwegs bin, ergab sich keine planbare Möglichkeit zur Mithilfe. Im Notfall würde ich vielleicht mal aushelfen können, schrieb ich dann im Winter 2016.

Ich war Ende April 2016 circa 4 Monate auf See und sollte eine Woche später in Urlaub gehen, als mich eine Email von Sea-Watch erreichte. Ein Kapitän sei ausgefallen. Ich schrieb "wenn ihr überhaupt niemand anderen finden könnt, der besser qualifiziert ist, dann werde ich es machen". Es wurde leider niemand gefunden, der besser qualifiziert und gleichzeitig blöd oder verrückt genug war die Verantwortung zu übernehmen für einen Einsatz, den man nicht kennt und auch nicht einschätzen kann. Man muss jetzt vielleicht wissen, dass ich eigentlich als zweiter, und nur gelegentlich zur Aushilfe als erster Offizier zur See fahre. Ich flog also direkt vom Südatlantik nach Malta, um einen Monat auf der Sea-Watch zu bleiben. Natürlich hätte ich lieber Urlaub gemacht, ich war bereits müde. Die Seefahrt hat für mich keinen Reiz und aufs blaue Meer zu glotzen löst in mir keinerlei Begeisterung aus. Da in diesem Moment aber kein anderer Schiffsführer verfügbar war, war es eben einfach eine Notwendigkeit.

Es ist für mich offensichtlich, dass die Flüchtenden im Mittelmeer in Seenot sind und Hilfe brauchen. Mir ist bisher nie klargeworden, warum man das überhaupt erklären müsste.
Nachdem die EU versäumt hat Italien finanziell zu unterstützen, um die Seenotrettungsmission MARE NOSTRUM zu verlängern, war auf einmal keiner mehr da, der diese Hilfe leisten konnte. In dieses Vakuum haben sich als erste zivile Organisationen MOAS und Sea-Watch aufgemacht, um Menschenleben zu retten. Die Sea-Watch 2015 war aber auch politische Meinungsäußerung: sogar eine zivile, in der Seenotrettung vollkommen unerfahrene NGO ist in der Lage Menschen zu retten, wieso tut sich die Marine der EU Staaten so schwer damit?

2016 sind fast 10 zivile Seenotrettungsschiffe vor der lybischen Küste unterwegs und sie retten und transportieren tausende von Menschen in Zusammenarbeit mit der italienischen Küstenwache. Die Kriegsschiffe der verschiedenen EU Länder helfen dabei ebenfalls, wenn unbedingt notwendig, doch der Rettungseinsatz steht nicht in ihrem Mandat. Tatsächlich agieren deutsche Kriegsschiffe manchmal auch sehr nah an der lybischen Küste, die Marine spricht allerdings wenig darüber, denn afrikanischen Flüchtlingen nach Europa zu helfen ist in der derzeitigen Stimmung nicht populär.

Im Wesentlichen nehmen die zivilen Organisationen den EU-Ländern die staatliche Aufgabe der Seenotrettung ab. Es stehen also häufig zivile Yachten mit vergleichsweise geringer und unerfahrener Besatzung an vorderster Front der

Seenotrettung. Marineschiffe haben im Vergleich eine mindestens 10mal höhere Besatzungszahl mit besserer seemännischer Ausbildung, ihre Schiffe fahren schneller und setzen die Bereitschaftsboote schneller aus, sie haben bessere Sensortechnik um Flüchtlingsboote zu finden und bessere Hospitäler.

Im Vorteil sind die Zivilen sicherlich mit ihrem Enthusiasmus, ihrer Einsatzbereitschaft und ihrem Mitfühlen gegenüber den Geflüchteten.

Es wird auch bei Sea-Watch immer wieder diskutiert, inwiefern der immer besser organisierte, zivile Einsatz den Druck auf die EU verringert, das Mandat der EU-Marine überhaupt irgendwann zu ändern.

Häufig zeichnen sich Katastrophen in Europa ja gerade dadurch aus, dass sie sich weit weg befinden: nämlich in Pakistan oder im Sudan und einzig Fernsehbilder bringen sie überhaupt ins Wohnzimmer. Die Flüchtlinge im Mittelmeer und auch die, die das Festland Europas erreichen, unterscheiden sich davon für uns, weil wir tatsächlich selbst in der Nähe sind und damit in der Lage, selbst vor Ort zu helfen. Die Angst und die Verzweiflung der Flüchtlinge sind sichtbar, wenn sie in den Schlauchbooten sitzen und wenn sie sicheren Boden betreten, sieht man für einen Moment große Erleichterung und Glück in ihren Gesichtern. Diese Bilder bestätigen jedem Seenotretter die Notwendigkeit des Einsatzes: er macht einen riesigen Unterschied.

Im Debriefing mit der Traumaseelsorge nach dem Einsatz flossen bei den Einen viele Tränen, Andere waren stumm und in sich gekehrt. Als Kapitän war ich fast ausschließlich auf der Brücke gefangen gewesen, weil ich die Yacht gesteuert und den Funk betreut hatte. Ich hatte wenig direkten Kontakt zu den Flüchtlingen gehabt und war sicherlich von allen an Bord am wenigsten betroffen. Ich war besorgt wie mitgenommen das Team von diesem Einsatz war. Ich war auch verärgert, dass die graue Flotte diese Einsätze nicht fährt und weiß gleichermaßen, dass die jungen Marinesoldaten auf die Begegnung mit toten Kindern ebenso wenig vorbereitet sind wie wir.

Ich bin fast sicher, dass alle im Team letztlich an diesem schwierigen Einsatz gewachsen sind. In vielen von uns sind alte Fragen neu angestoßen worden oder ganz neue Ideen entstanden. Ich denke alle werden sich, persönlich betroffen durch diesen Einsatz, in Zukunft noch überzeugter für Menschenrechte und Gerechtigkeit einsetzen als sie es bisher schon getan haben.

Genau hier liegt eine weitere Chance der Seenotrettung, die über die Rettung der Geflüchteten hinausgeht. Die persönliche Betroffenheit, durch den direkten Kontakt mit den Menschen auf der Flucht, erzeugt ein neues Bewusstsein für die Notwendigkeit der Seenotrettung und gesellschaftliche Verantwortung. Dieses Bewusstsein ist bei den Freiwilligen der zivilen Seenotrettungsschiffe allerdings schon vor dem Einsatz vorhanden.

Die deutsche Marine müht sich ihre Soldaten aus der Mitte der Gesellschaft zu rekrutieren, der Staatsbürger in Uniform ist das Ideal, welches in der Praxis insbesondere nach Abschaffung der Wehrpflicht nicht erreicht werden kann. Der durchschnittliche Marinesoldat ist meiner Erfahrung nach selten rechtsradikal, aber grundsätzlich eher konservativ. Genau diese Menschen, die freiwillig den Kontakt zu Flüchtlingen nicht suchen würden, sind diejenigen, die von diesen persönlichen Begegnungen und Eindrücken meiner Meinung nach am meisten profitieren können. Denn auch in ihnen entsteht dann möglicherweise ein Bewusstsein und Verständnis dafür, dass wir es mit Menschen in Not zu tun haben, die Hilfe dringend nötig haben und dass niemand sich aus einer Laune heraus auf diese gefährliche Reise nach Norden begibt.

Die Seenotrettung muss daher unbedingt aktiv von der EU-Marine durchgeführt werden, denn sie ist dafür viel besser ausgerüstet, kann ihr Personal besser schützen und die persönlichen Begegnungen mit den Flüchtlingen werden den Marinesoldaten sicher nicht schaden.

Nun fragt sich sicher der Ein oder Andere, warum ich so viel über die Seenotrettung durch die Marine sage, wenn doch das eigentliche Ziel #safepassage ist: Zugang nach Europa auf Fähren oder im Flugzeug.
Das ist sehr einfach erklärt: es wird in unserem jetzigen Europa, in diesem politischen Gefüge niemals zu einer #safepassage kommen. Dazu ist die Angst und der Unwillen der europäischen Bevölkerung von ihrem Reichtum abzugeben einfach zu groß.

Wenn #safepassage eine Utopie ist, dann müssen wir uns auf das fokussieren, was wir beeinflussen können: die Verbesserung der Seenotrettung und das Verhindern der Spaltung unserer eigenen Gesellschaft.
Ein Teil davon ist auch sich weniger darüber zu entrüsten, was die Marine tut oder unterlässt. Die Marine ist dem vom Bundestag gegebenen Mandat verpflichtet. Den Bundestag haben Sie selbst gewählt! Wenn sich also am Mandat der Marine etwas ändern soll, dann müssen Sie einen anderen Bundestag wählen – ihre Nachbarn, Kollegen, Freunde und Familie allerdings auch. Die Verantwortung ist Ihre!

Warum ich mich engagiere? Ich hab noch nie verstanden, warum man selbstverständliche Sachen auch noch erklären soll. Es sterben Menschen und wir können deren Zahl zumindest verringern. Was soll ich da erklären?

Unser Kompasssignal fiel auf See immer wieder aus, das Radar und der Autopilot wussten nicht wohin mit sich. Dieses Problem scheint momentan auch das Festland zu betreffen: wohin man auch guckt, der Kompass ist bei vielen total ausgefallen.
Was ich mir wünsche?
Wir brauchen dringend mindestens 15 Schiffe, die über 25 Knoten fahren, mit 50 Mann Besatzung oder mehr, - leistungsfähige Einsatzboote, Schnellaussetzvorrichtungen für diese Boote, gescheite Ortungssysteme, Zugang zu Luftaufklärung, Schiffshospitäler, Ärzte, Helikopter für Rettung und Krankentransporte und... – Gibt es schon?

Na dann hätte ich gerne Gesetze, die es erlauben, diese Schiffe und Systeme für die Seenotrettung auch zu benutzen.

Foto:
Carola Rackete

46

Und noch was brauchen wir: Die Möglichkeit, Asylanträge in Auslandsbotschaften zu stellen, Flug- und Fährtickets zu kaufen, die Bereitstellung von Geldern für ein neues Mare Nostrum, das Ende des Drohnenkrieges, Veränderungen in der internationalen Wirtschaftspolitik.

Wer die Verantwortung hat? Die Verantwortung hat auf jeden Fall die EU, die deutsche Marine, die Amerikaner mit ihrer dummen Außenpolitik und ich als Individuum doch garantiert nicht, oder?

carola.rackete@go.edgehill.ac.uk

Martin Kolek

Wir können auch anders: aufhören, zu gehorchen
Lever dot as slaav

Blauer Himmel, das Meer und mittendrin Menschen mit Idealen, Sehnsüchten, inneren Motiven, stillen Hoffnungen. Ein Torpedo hatte den Rumpf eines Frachters zerrissen. Er sinkt, alle Seemänner, die es schafften, sich aus dem Rumpf zu befreien, schwimmen im Wasser, ertrinken vor den Augen der Besatzung des U-Bootes. Das ist die Geschichte meines Opas, der im sogenannten „1. Weltkrieg" als Maschinist und kaisertreuer Marinesoldat auf einem deutschen U-Boot fuhr. Meinen Opa habe ich nie kennengelernt. Mein Vater erzählte mir den Bericht, als ich 16 Jahre alt war und meine

Kriegsdienstverweigerung vorbereitete. Seitdem waren die Ideale, für die es sich lohnen können sollte, zu „kämpfen", für meinen Opa, einen kaisertreuen Katholiken, gestorben. Er war ein fundamentaler Gegner jeglicher Uniformierung und Kriegstreiberei geworden. Mein Vater hatte als 17-Jähriger Soldat werden müssen. Er wurde selten laut, nur, wenn wieder Uniformen aufmarschierten: „Kommisköppe". Beide sind lange tot.

Als ich Ende 2013, als Berichte über gekenterte Fluchtboote erschienen, das Glück genoss, zusammen mit drei Freunden den Atlantik zu übersegeln und wir gehörig den Respekt vor der faszinierenden Macht und Gewalt des Meeres und der Weite des Himmels erfuhren, wurde mir klar: Im Mittelmeer schaut wieder eine Kriegsmacht zu, wie Menschen ertrinken, ohne zu helfen.
Wir waren gut auf unsere Tour vorbereitet, viele Jahre, mit Segelscheinen, Sicherheitsprüfungen, einem zertifizierten, modernen Segelschiff, mit Elektronik, Funk und Generator. Bei allen Risiken und Warnungen, die Sehnsucht kann durch nichts aufgehalten werden.
Und was ist mit den Menschen, die nicht faszinierte Segler oder Bootfahrer sind und ungesichert in einem Gummiboot auf dem offenen Meer driften? Wie stark muss ihre Sehnsucht nach Überleben sein, wenn sie entscheiden, das Risiko einzugehen, eher doch unterzugehen, als gerettet zu werden. Wenn wir nicht hinfahren und helfen, bleiben nur die, die zu gucken, und davon gibt es zu viele.

Ich liebe meine Familie, das Meer und die Musik. Im Schiff, drinnen oder draußen - Tag und Nacht,- bei viel Wellengang oder auch bei ruhiger See, es fühlte sich auf dem Segelschiff 2013 wie auch auf der Sea-Watch2 wie „zuhause" an. Die Rettungsaktionen, die Crew aus unbekannten Menschen, das

48

gegenseitige Lachen, hier ist es so real. Es ist machbar. Wir können hinschauen, - nie wieder weggucken. Die Besatzung auf der Sea-Watch2 - so unterschiedlich wir waren, so gut konnten wir uns praktisch ergänzen und ungeahnte Kräfte und Möglichkeiten entfesseln.

Das beinhaltete für mich auch, den Ertrunkenen ins Gesicht zu schauen, sie anzufassen, ihnen Rettungswesten zu verpassen, damit sie nicht im anonymen Massengrab absinken.

Die Menschen, die wir retten konnten, brauchen eine konsequente und vernünftige Umgebung von motivierten Menschen, welche den entstehenden Konflikten und Herausforderungen ins Auge schauen und Lösungen ermöglichen. Aber sie brauchen sicherlich keine anonyme Verwaltung von ´Flüchtlingszahlen`. Vor 100 Jahren verlor mein Opa seinen Glauben an echte, edle Tugenden eines Kaiserreiches. Lange habe ich an Ideale des formalen, politischen Europas geglaubt. Auch diese sind ein bisschen mit gestorben. Ich hoffe auf die Kraft der Natur und wünsche mir die Faszination der Menschen für unseren natürlichen Reichtum. – Konkret: Ich wünsche mir, dass Menschen, egal woher sie kommen, auf diesem Planeten zuhause sind. Das bedeutet auch, dass denjenigen, welche Grenzen sehen wollen (die es real nicht gibt) und Grenzsicherungen bauen wollen, keine Aufmerksamkeit und auch kein Geld gewidmet wird.

Es gibt vernünftigere und zukunftsorientiertere Projekte. Allerdings machen diese viel Arbeit, - Arbeit, die den inneren Gewinn beim Tun erzeugt.

Freiheit der Bildung für alle. Keine Militarisierung - kein gesellschaftlicher und politischer Zwang zum Töten, - keine ´Wehrpflicht` - die nichts anderes ist als ein Missbrauch von jungen Menschen für Schein-Ideale, die nie einlösbar sind.

Ehrlich gesagt, ich bin für eine finale Entmachtung – eine Verwahrung auf Lebenszeit, eine finanz – und lobbypolitische Fußfessel für diejenigen Männer und Frauen, welche Kriegsgüter vertreiben und diesen ´Gewinn` abschöpfen, zumindest für diejenigen, welche weitsichtig internationale Geschäfte organisieren und ein existentielles Interesse an militärischen Konflikten haben. – Eine finale Entmachtung von Menschentötern/innen.

Ich fordere eine Konversion aller Rüstungsgüter und Abschaffung jeglicher Leibeigenschaft. Würden alle Seemänner der deutschen Marine und der anderen zahlreichen Marineschiffe vor der Küste Libyens frei denken und handeln dürfen, sie würden retten, was das Zeug hält, sie würden erschöpft, aber ehrlich zurückkehren. Sie würden nicht wie mein Opa vor 100 Jahren auch heute zusehen, wie Menschen ertrinken und auf Befehl eines politischen Grenzregimes ´Frontex` „beobachten", ausgerüstet mit modernster Technik, Satelliten, Radar, Sonarüberwachung. Ein Freund, der bei der Marine fuhr, sagte: „Es verlässt keine Sardinendose unerkannt den Hafen von Tripolis".

Alle sollten die Hintergründe des aktuellen kulturellen Massakers nicht verleugnen können. Und das gilt genauso klischeeartig für „die Politiker" wie für stille Teilhaber und Gestalter, eben auch für Väter und Mütter, alle, die in der frühen Erziehung beteiligt sind: im Kindergarten, Lehrerinnen und Lehrer, die Kindern irgendetwas von bösen Männern und starken Kriegern erzählen, von der Notwendigkeit, vor dem Bösen geschützt zu werden. Das gilt auch für Verteidigungsministerinnen. Und natürlich auch die Spielzeugindustrie.

Die Wirtschaftsverbände sind gefragt: Sie haben jahrzehntelang profitiert durch die Nutzung billiger Einkäufe und durch das Ausmerzen von autonomer Wirtschaftskultur in Afrika. Sie haben den Preis zu zahlen, ohne sich gleich woanders einkaufen zu können. Alle Rüstungszulieferer haben einen obligatorischen Anteil für die Versorgung von durch Kriege Geschädigte zu leisten. Ab sofort. Es darf sich nicht lohnen, mit zerstörender Technik und Denkweise auch noch Geld zu machen.

Ein materielles Leben in Fülle auf Kosten anderer birgt keine Zukunft, es ist der organisierte, schleichende Tod. Zukunft erwartet neue und fundamentale Veränderungen im gemeinsamen Handeln und Unterlassen von bisher normalem Irrsinn.

Wer nicht aufgibt, hat nie verloren.

Martin Kolek

Erinnerungsprotokoll eines Einsatztages auf See

27. Mai 2016, die ´Sea-Watch2` befindet sich im Suchgebiet etwa 25 Seemeilen vor der libyschen Küste.

Wir sind bereits 10 Tage auf See. Die Besatzung: 10 Männer, 3 Frauen, eine Italienerin, zwei Niederländer, 10 Deutsche. Alle im Alter zwischen 24 und 56 Jahren. Wir haben nach monatelanger innerer und äußerer Vorbereitung die Fahrt begonnen. In der Mission vor uns im April hatte eine selbsternannte libysche Küstenwache mit Waffengewalt die Sea-Watch2 geentert. Weil die Besatzung besonnen und friedlich reagierte, hatte sich die Situation an Bord beruhigt.

51

Wir waren entschlossen, uns ebenfalls nicht beunruhigen zu lassen, so fuhren alle mit.

Nach 10 Tagen an Bord und wechselnden Wachen nach je 4 Stunden nachts und 3 Stunden am Tag war es unwichtig geworden, welcher Wochentag an Land gerade galt. Die „Hundewache" zwischen 0000 und 0400 (Uhr) war beendet, Dieter und ich hatten um 0400 übernommen. Die Wache von 0400 – 0800 ist besonders dankbar, weil in dieser Zeit die Sonne aufgeht, die Erde sichtbar zu sich kommt, eine Zeit, in der teilweise nachts das Meer und der Horizont nicht vom Weltraum zu unterscheiden ist. Da sind nur das Meer und unser Motor zu hören, alles andere wird eins um uns herum. In Wirklichkeit sind wir nur ein kleiner Moment im Weltraum. Was treiben wir Menschen auf diesem Planeten?

Auch wenn man sich in solchen Momenten wie navigationsunfähig fühlt – wir hatten präzise Navigationsgeräte, die genau anzeigten, wo wir uns befinden. Der Wind hatte bereits in den Abendstunden auf Süd gedreht, - in der Nacht werden vermutlich Boote von der libyschen Küste abgelegt haben. Sie sind etwa 12 Meter lang und 2,5 breit mit einem 40 PS Außenborder. Später wussten wir: es waren etwa 130 Menschen an Bord. Bei einem durchschnittlichen Gewicht von 60 kg pro Person sind dies 7800 kg Last im Schlauchboot, - angetrieben von 40 PS. Der Kurs kann nur mit der Welle und dem Wind gefahren werden. Dreht der Wind, fährt das Boot zurück, - automatisch. Eine Überfahrt bei etwas Seegang bis nach Malta ist ausgeschlossen. Neben den Menschen befinden sich oft noch mehrere Kanister meist minderwertigen Benzingemischs an Bord.

Gegen 0630 klingelt das Sattelitentelefon. Dieter ist gerade auf Kontrollgang im Maschinenraum. Im Display eine Nummer aus Bremen. Ich melde mich: „SeaWatch2 Brücke". Sofort geht es los: „alarm-phone-bremen" – eine junge, völlig übermüdete, aufgeregte Stimme berichtet von einem Kontakt mit einem sinkenden Boot, - wir sollen sofort dorthin fahren. Ich lasse mir die Position geben und berechne die Distanz zu unserem aktuellen Standort: über 55 Seemeilen. Ich sage dem Mann aus Bremen, dass es bei ´voller Fahrt` mit 9,6 Knoten über fünf Stunden dauern würde. Der Aktivist der Nichtregierungsorganisation ´AlarmPhone`, der also auch unbezahlt seinen Job macht, bittet inständig darum, dass wir dort hinfahren. Es sei sonst niemand in der Nähe. Er habe mit dem Boot Kontakt, es sei furchtbar, es sinke, es sei völlig chaotisch.

Ich ändere dezent den Kurs und wecke Kapitän Carola, ´head of mission` Reinier und Giorgia, die seerechtlich berät. Als sie alle auf der Brücke sind, kommt der Anruf von MRCC Rom (maritime rescue coordination center) mit der gleichen Information - einem sinkenden Holzboot mit mehreren hundert Menschen - und mit dem Auftrag, sich in das Zielgebiet zu begeben. Auch nach dem Hinweis, wie weit wir entfernt seien, - MRCC konnte das sowieso durch unser AIS (automatic identification system) erkennen, bleibe es bei der Anweisung. Das AIS zeigt unsere Position, Fahrtrichtung und Geschwindigkeit jederzeit an – wir sind weltweit einsehbar. Wir halten also Kurs mit voller Fahrt – was wird auf uns zukommen? Nach und nach wecken wir die Crew, um die Lage zu besprechen und beschließen, das größere unserer beiden RHIBs (Rigid-Hulled-Inflatable-Boat / Festrumpf-Schlauchboote) auszusetzen und damit zum sinkenden Schiff vorzufahren. Der Rest der Crew sollte sich noch ausruhen, wenn möglich schlafen und sich dann zeitnah einsatzbereit machen. Es kommt anders - am Horizont ist steuerbord ein kleiner grauschwarzer Strich zu erkennen, - ab und an, je nach Welle und Licht ist etwas zu sehen, dann wieder nicht. Man kann, wenn man will, Wellenberge von den Anzeichen eines 12 Meter langen Gummibootes unterscheiden, gesichtet vom Peildeck aus mit Ferngläsern. Wir hatten uns entschieden hinzusehen - wir sind „Sea-Watch", - also ändern wir den Kurs in Richtung Gummiboot. Würden wir es hier steuerbord liegen lassen, es wäre verloren. Niemand würde sich um dieses Boot kümmern. Es würde auch keine Spuren hinterlassen, sondern früher oder später einfach sinken. (33°15′N 012°53′O)

Üblicherweise meldeten wir so ein Boot dann MRCC Rom und von dort würde großräumige Hilfe angefordert. Die zivile Schifffahrt wird über AIS geortet und zur Übernahme angeleitet. Riesige Öltanker ändern ihren Kurs und nehmen die Flüchtlinge auf. Das Militär ist im Gegensatz dazu mit vielen Schiffen in der Nähe, aber oft nicht über AIS zu orten, im Radar nur schwer zu registrieren und über Funk passiv. Wie wir nun wussten, ist hier sonst niemand in der Nähe.

Wir setzen das zweite, kleinere RHIB aus und entscheiden, alle Bootsinsassen an Bord der Sea-Watch2 zu nehmen,- das wurde noch nie gemacht. Wir beraten, wie wir es anstellen:

1. Sicherheit für alle
2. Ordnung und Klarheit für alle
3. Zuversicht und Unterstützung für alle.

Innerhalb kurzer Zeit werden Orientierungsleinen an Bord gezogen, offenes Werkzeug, Tauwerk, Schekel, offene Luken werden gesichert. Die Außendusche mit direktem Abgang außenbords wird als Dusche und Toilette bereitgemacht, der medizinische Behandlungsraum vorbereitet: es wird Verletzte, Verätzungen, Kinder, Schwangere geben. Auf geht's, - von unserem Schnellboot aus werden alle mit Rettungswesten versorgt und dann holen wir eine/n nach der/dem anderen an Bord. Wir kontrollieren mit dem ersten Blick den Allgemeinzustand und sorgen gegebenenfalls für unmittelbare medizinische Hilfe und weiter geht es mit einem Check, ob möglicherweise Waffen mitgebracht wurden, - was man so hört - was hatten diese Menschen an? Die Männer eine Hose und vielleicht ein T- Shirt, selten eine Jacke, die meisten barfuß. Später lassen wir es einfach, als wir merken, wie absurd diese Prozedur ist. In kleinen Gruppen zu viert führen wir die Männer bis auf das Ankerdeck. Nachdem dieses voll belegt ist später auf das Brückendeck. Nun sind alle an Bord, für jeden wird eine Flasche Wasser ausgegeben. Danach wird es ruhig an Bord, alle schlafen. Mittagshitze.

Foto: Martin Kolek

Foto: Barbara Held
Foto vorherige Seite, Martin Kolek

Wir nähern uns dem sinkenden Holzboot. Vor Ort sind zahlreiche orangefarbene Rettungsinseln zu sehen, drei Kriegsschiffe sind in der Nähe, unruhiges Wasser und um ihr Leben kämpfende Menschen, Schnellboote kurieren, Beobachtungshubschrauber, ein Marineflugzeug überfliegen uns im Tiefflug. Wir haben Funkkontakt zu unserem Schnellboot, Christian und Welf berichten von mehreren Personen, die sie direkt retten können. Wer bis jetzt nicht gerettet ist, ist ertrunken. Wir bekommen Anweisung, in der Nähe zu bleiben. Das Filmen mit dem Quadrocopter unserer Journalisten Andreas-Kuno und Christian wird aus militärischen Gründen verboten. Wir warten in Sichtweite, 125 Menschen zusätzlich an Bord. Ambroise unser Koch aus den

Niederlanden kocht für alle Reis mit einer Ingwer-Gemüse-Soße. Alles läuft ruhig und zuversichtlich, so, wie es geht, wenn Menschen zusammenhalten, zusammenarbeiten und nicht gegeneinander. Unsere Schnellboote kommen zurück, - etwas Zeit zum Ausruhen, Schlafen. Leichen schwimmen in Sichtweite.

Foto: Barbara Held

Gegen 1530 kommt der Funkspruch eines Militärschiffes der italienischen Küstenwache, der ´Nave Vega` mit der Anordnung, dass wir unser Rafting-Boot zur Verfügung stellen sollen, um die zahlreichen Leichen zu bergen. Das Rafting Boot ist ein leichtes, aufblasbares Boot von etwa 7

Meter Länge, eigentlich ein ´Spaß - Boot`, das wir zum Transport für hunderte Rettungswesten nutzen. Die anderen Kriegsschiffe samt Schnellbooten und Hubschrauber hatten sich ohne Info entfernt. Wir überlegen heftig und beherzt, sodass wir zur Einigung kommen, bei einem erneuten Funkkontakt nach etwa 10 Minuten, der schon etwas freundlicher klingt, dass diejenigen, die für eine solche Aktion bereit seien, mithelfen könnten, die Leichen zu ´markieren`. Das bedeutete, Rettungswesten an den Leichen anzubringen, damit diese nicht einfach untergehen - für immer. Wir sind zu viert, gehen noch einmal auf die Toilette, trinken und essen und fahren mit dem Rafting-Boot im Schlepp und 30 Rettungswesten zur ´Nave Vega`. Auf dem Achterdeck des Militärschiffes, einer Hubschrauberplattform, sitzen in offener Sonne ungezählte Menschen, einer neben dem anderen. So freundlich und gelassen wie bei uns sieht es nicht aus. Die Kampfschwimmer der ´Nave Vega` übernehmen mit ihrem Schnellboot unser Rafting Boot. Dann fahren wir zu den schon Meilen entfernten Rettungsinseln, eine nach der anderen – alle sind leer. Wir treffen auf das gesunkene Holzboot, nur etwa 30 cm des Außenbords ragt schön hellblau aus dem Wasser. Wir fahren ganz nah heran, keine Leichen an der Oberfläche. Wir sind uns einig, dass im Schiffskörper noch hunderte von Ertrunkenen eingeschlossen sind. Wir wissen, die billigeren Plätze sind unter Deck. Das Boot, etwa 25 Meter lang, wurde einfach zurückgelassen. Dann treffen wir auf die erste Leiche, Meilen entfernt von der ´Nave Vega` und der ´Sea-Watch2`, die noch am Horizont zu sehen sind. Auch wenn wir ihr eine Rettungsweste anbinden, - nicmand wird sie finden, - sie wäre bereits nach wenigen hundert Metern im Wellengang nur eine Zufallssichtung. (33°20,6´ N 012°40,2´ O)

Foto: Christian Büttner

Wir entscheiden, die Leiche im Rettungsnetz aufzunehmen.
Ungeahnt schwer ist die junge Frau. Die Leichenstarre
verhindert das ´vernünftige` Einbringen ins Netz. Wir fahren
mit verhältnismäßig langsamer Fahrt, die Tote im Netz
beibord haltend zum Rafting Boot. Die Küstenwache hat ein
großes, breitspuriges Netz über das Rafting - Boot gelegt. In
diesem liegen bereits mehrere aufgenommene Leichen.
Gemeinsam mit den Marine-Männern rollen wir die Frau zu
den anderen Ertrunkenen. Unsere Blicke treffen sich,
niemand spricht. Wir bestätigten uns einfach nur, dass wir
füreinander da sein werden, damit der Irrsinn nicht einfach ins
Vergessen absinkt. Es macht Sinn, das zu tun. Und wir
wissen, - wenn wir es nicht tun, - auf diesem Planeten gibt es
jetzt niemand, wer da wäre. So hatte der Alarmphone-Mann
am Morgen schon gesagt. Die nächsten Stunden vergehen

zeitlos. In der Erinnerung denke ich, es sind vielleicht zehn Leichen gewesen, denen wir Rettungswesten an die Füße banden. Es sind über 40, - alle Rettungswesten sind verbraucht. Wir bekommen Neue von der ´Nave Vega` und bringen 15 Leichensäcke von der ´Sea-Watch2` zur ´Vega`- deren waren ausgegangen. In unserem Boot entwickelt sich eine Routine: Welf steuert das Boot so gut es geht in Reichweite, - manchmal brauchen wir mehrere Anläufe. Tote kümmern sich nicht darum, ob sie in die Nähe der Schraube kommen. Ich greife die Leiche und drehe sie in Fahrtrichtung, halte sie am Boot. Dieter hinter mir schnallt eine Rettungsweste, die Christian vorbereitet hatte, ans Fußgelenk. Das Meer und die Wellen ziehen die Menschen tendenziell aus. Alle sind jung. Einmal treffen wir auf einen jungen Mann, der eine Sweat-Jacke mit einem großen Union-Jack auf dem Rücken trägt, kopfüber. Später entscheide ich, jedem der gefundenen Menschen ins Gesicht zu schauen, bevor ich sie wieder abstoße. Eine vielleicht 40 jährige Frau trägt ein langes schwarzes Kleid, bis zu den Knöcheln. Ein junges Paar schwimmt, sich festhaltend unter der Wasseroberfläche. –„Vereint für immer" – wer wollte wen nicht untergehen lassen? Dann kommen die Kinder, sie schwimmen relativ tief im Wasser. Das Mittelmeer ist bei einer bestimmten Sonneneinstrahlung sozusagen wie Glas, - schwimmt da die Puppe eines Kindes? Nein - es sind Mohamed Liban und Maryam Hassan, - die Auslöser dieses Buches, sechs und acht Monate alt. Und dann ist da Musik in der Luft, - unglaublich, Techno? Wer hört hier Musik? Spinne ich? Und später noch einmal, - ich frage die anderen im Boot. Nein, es sei keine Musik, es sei die Stahlwinde der `Nave Vega´. Ich suche den Horizont nach der ´Nave Vega` ab und da ist sie, - vielleicht 150 Meter entfernt – das graue Militärschiff - mit dem Bug gerade voraus zieht sie ein tropfenförmiges Netz mit der Winde schreiend, - vom Wind zu uns getragen - an Deck. Das Netz voller triefender Leichen. Wir haben keine Zeit zum Denken, ab und zu flucht mal jemand abgrundtief, manchmal muss ich, zerrissen von dieser Situation, singen - ein afrikanisches Lied, das von dem Hin und Her - und dem „nicht wissen können" erzählt, die existentielle Frage zuspitzt und hinausruft, damit sie gehört werden kann.

Wir finden bei sinkender Sonne niemanden mehr und fahren zurück zur 'Sea-Watch2'. Nach kurzer Pause bereiten wir den Transport der 125 Menschen an Bord zur Überfahrt zu 'Nave Vega' vor. Sie sollen vor Einbruch der Dunkelheit gegen 2000 auf der 'Nave Vega' in Sicherheit sein. Immer etwa 10 bis 12 Personen schippern wir zur Vega, wo sie an der herabgelassenen Gangway aufgenommen werden. Wie werden sie auf dem Kriegsschiff behandelt? 'Ärzte ohne Grenzen', die eigene Transportschiffe haben, liefern generell nicht ans Militär aus. In der späten Dämmerung war alles erledigt - wir nehmen hunderte Schwimmwesten mit zu uns zurück.

Klamotten ausziehen und aufhängen, duschen und vielleicht etwas essen, einfach sprechen, was kommt. Und dann 'Ruhepflicht' - die nächste Wache steht bald an und morgen wird es nicht anders werden, denn der Wind bläst aus Süd.

Für heute reicht es, ich schlafe mit Kopfhörern auf dem Kopf ein, dankbar, zu leben, getragen im Schiffskörper, gewohnte Innengeräusche. Die Küstenwache fährt bis spät in die Nacht, um Leichen an Bord zu bergen, - wir sehen das kleine Positionslicht des Schnellbootes kreisen. Am nächsten Morgen bekommen wir unser Rafting-Boot zurück. Wir säubern es sorgfältig.

Martin Arnold Maria Kolek (M.A.), (50),

studierte Soziologie, Erziehungswissenschaften und Systematische Musikwissenschaft in Hamburg und Musiktherapie in Berlin, Diplom-Musiktherapeut, Kinder- und Jugendlichenpsychotherapeut
kolek@klangfenster.de

Foto: Barbara Held

Fabio Siclari, (31), Achitekturstudent

Es sind immer mehr Minderjährige, welche diese Reise auf sich nehmen

Ich bin geboren und lebe in Reggio Calabria, im Süden Italiens. Ich bin Pfadfinder, seit ich sieben Jahre alt war, und mit 21 bin ich Pfadfinderanführer geworden. Als Pfadfinder hatte ich die Möglichkeit, vielfältige Dienste zu erbringen, den Armen zu helfen, Behinderte zu unterstützen, Drogenabhängige, also die Lehren des Evangeliums praktisch umzusetzen. Im Augenblick bin ich damit beauftragt, in meiner Gruppe, der Agesci, für die Stadt Reggio Calabria Zivilschutz zu machen.

Meine Eltern haben mir beigebracht, dass wir – wenn es möglich ist – immer denjenigen helfen sollen, denen es schlechter geht als uns. Auch wenn wir nicht viel haben, was wir geben können. Als Pfadfinder ist es meine Pflicht, Gutes zu tun, und mich ohne Bezahlung zu engagieren, ohne irgendeine Entlohnung. Der Dienst muss unentgeltlich sein, ohne eigene Interessen, und dem nützen, der ihn empfängt. Tatsächlich bekommen wir mehr als wir geben.

Unter den Erfahrungen, die meine Handlungen beeinflusst haben, erinnere ich meine Studienreise mit der Universität nach Marokko. Wir waren im Tal der Draa, weit weg von den touristischen Zentren. Während einer Arbeitspause saßen wir mit meiner Arbeitsgruppe am Straßenrand im Schatten einer Moschee. Ein Junge kam zu uns, stellte sich vor und fragte uns, was wir machten, und erklärte uns, Philosophiestudent an der Universität zu sein. Er bat uns, ihm ins Haus zu folgen. Er gab uns Wasser, Datteln und den Tee der Gastfreundschaft und machte uns nahezu Vorwürfe, weil Menschen nicht auf der Straße essen sollen. Er stellte uns seinen Tisch für unsere Mahlzeit zur Verfügung. Am Ende der Mahlzeit wollten wir ihm Geld dafür dalassen, aber das wollte er nicht, da man sich unter Studenten hilft. Ich frage mich, wie viele Personen Fremde in unserer Stadt auf der Straße essen sehen – und wer sie dann in sein Haus bittet.

Fabio Siclari im Hafen von Reggio Calabria

Vor drei Jahren, als das mit der Ankunft der Boote in der Stadt begonnen hat, eine Routine zu werden, gab es in Italien noch das Delikt der heimlichen Einwanderung. Die Flüchtenden wurden in den kommunalen Gebäuden festgesetzt und

65

konnten nicht heraus. Sie hingen den ganzen Tag an den Zäunen und schauten heraus, umgeben von Polizei. Als menschliches Wesen konnte ich nicht akzeptieren, dass derjenige, der Krieg und Leid entkommen war, eingeschlossen wurde, anstatt dass ihm geholfen wurde. So entschieden wir mit anderen Pfadfindern, uns um die Erlaubnis zu bemühen, diese Erstaufnahmelager zu betreten. Wir hatten keine schriftliche Erlaubnis, aber es wurde uns gestattet einzutreten – unterstützt von der Tatsache, dass wir auch eine Uniform trugen, was uns ermöglichte, unkontrolliert ein- und auszugehen. So begannen wir, die Kinder spielen zu lassen und Spielzeug und Kleidung für sie und dann auch für die Erwachsenen zu besorgen. Auch andere katholische Vereine begannen damit, das gleiche zu tun. Wenige Monate später entstand das Coordinamento Ecclesiastico Emergenza Sbarchi (Kirchliche Koordinierung Notlandung), eine Koordinationsstelle von mehreren Vereinen, die Ressourcen und Kräfte sammeln und die den Umgang mit den Institutionen untereinander abstimmen. Derzeit sind im Coordinamento 180 feste Volontäre (*Freiwillige, d. Übers.*) aus verschiedenen Religionen. Und viele Volontäre, die in anderen Teilen Italiens leben, und die auch für eine Woche kommen, um Unterstützung zu leisten. Unser Engagement dauert bis heute an, in sämtlichen Monaten des Jahres, denn die Bootslandungen gibt es in sämtlichen Monaten des Jahres, und im Sommer verstärken sie sich. Als Diözesankoordinierung folgen wir den Immigranten von der Ankunft bis zur Abfahrt. Es handelt sich nicht nur um den Empfang am Hafen, sondern wir suchen sie auch in den Erstaufnahmelagern auf, damit sie spielen oder Italienisch lernen können; wir machen auch Krankenbesuche in den Hospitälern, wir gehen auf die Friedhöfe und besuchen die Ertrunkenen und beten an ihren Gräbern. Wir organisieren Events, um Geld zu sammeln für Schuhe, Kleider, Windeln,

Hygieneartikel, Snacks und Fruchtsaft für die Verteilung bei der Ankunft. Wir organisieren überkonfessionelle Mahnwachen und Events, um die Bevölkerung für das Migrationsphänomen zu sensibilisieren. Die Erfahrung, die für mich am eindrücklichsten ist, ist die, mit den Personen im Aufnahmelager auf die Verlegung zu warten, mit ihnen darüber zu sprechen, was sie hat aufbrechen lassen und wie ihre Reise verlaufen ist. Es sind triste und schwer zu ertragende Erzählungen, aber ich bin davon überzeugt, dass es wichtig ist zu wissen, was diese Menschen in ihren Dörfern oder Ländern durchmachen, auf der Reise, und in Libyen. In vielen Fällen sterben sie, bevor sie überhaupt am Meer angekommen sind, und über diese Personen gibt es keine Statistiken. Ein anderes starkes Gefühl ist es, wenn Leichname an Bord der Boote ankommen. An Leichname von Erwachsenen gewöhnt man sich. Man gewöhnt sich aber niemals an die Leichname von Kindern. Kinder, die solche „Reisen in den Tod" nicht unternehmen dürften. Und es sind immer mehr minderjährige Kinder, die diese Reisen unternehmen.

Generell sollten alle dieses Buch lesen, weil es so viel Desinformation unter den Menschen gibt, die ihre wenigen Informationen von den wenigen Notizen beziehen, die im Fernsehen oder in den Zeitungen erscheinen, damit sie verstehen, dass sie die Macht haben, viel zu tun, und dass sie es sofort tun müssen. Schließlich müssten es alle Politiker tun, die zum Fremdenhass aufhetzen, die die Massen glauben lassen, dies sei eine Invasion und man müsse die Grenzen schließen.

Fabio Siclari

Ich weiß, dass eine Welt ohne Grenzen eine Utopie ist. Aber alle haben das Recht auf eine bessere Zukunft. Vor allem, wer Krieg und Elend entkommt. Wenn der Egoismus der sogenannten „Ersten Welt" diesen Menschen nicht in deren Zuhause hilft, müssen wir es also erlauben, dass diese Menschen die europäischen Botschaften in ihren Ländern bitten, als reguläre Immigranten nach Europa reisen dürfen, ohne auf „Todesfahrt" zu gehen. Einmal in Europa angekommen, gehen diese Immigranten nicht in isolierte Ghettos. Ihnen muss geholfen werden, sich in die Bevölkerung zu integrieren, im Respekt vor unseren Gesetzen, aber auch vor ihren Traditionen.
fabio.siclari@gmail.com

Lagezeichnung `Anlandung Hafen` S.:69: Fabio Siclari

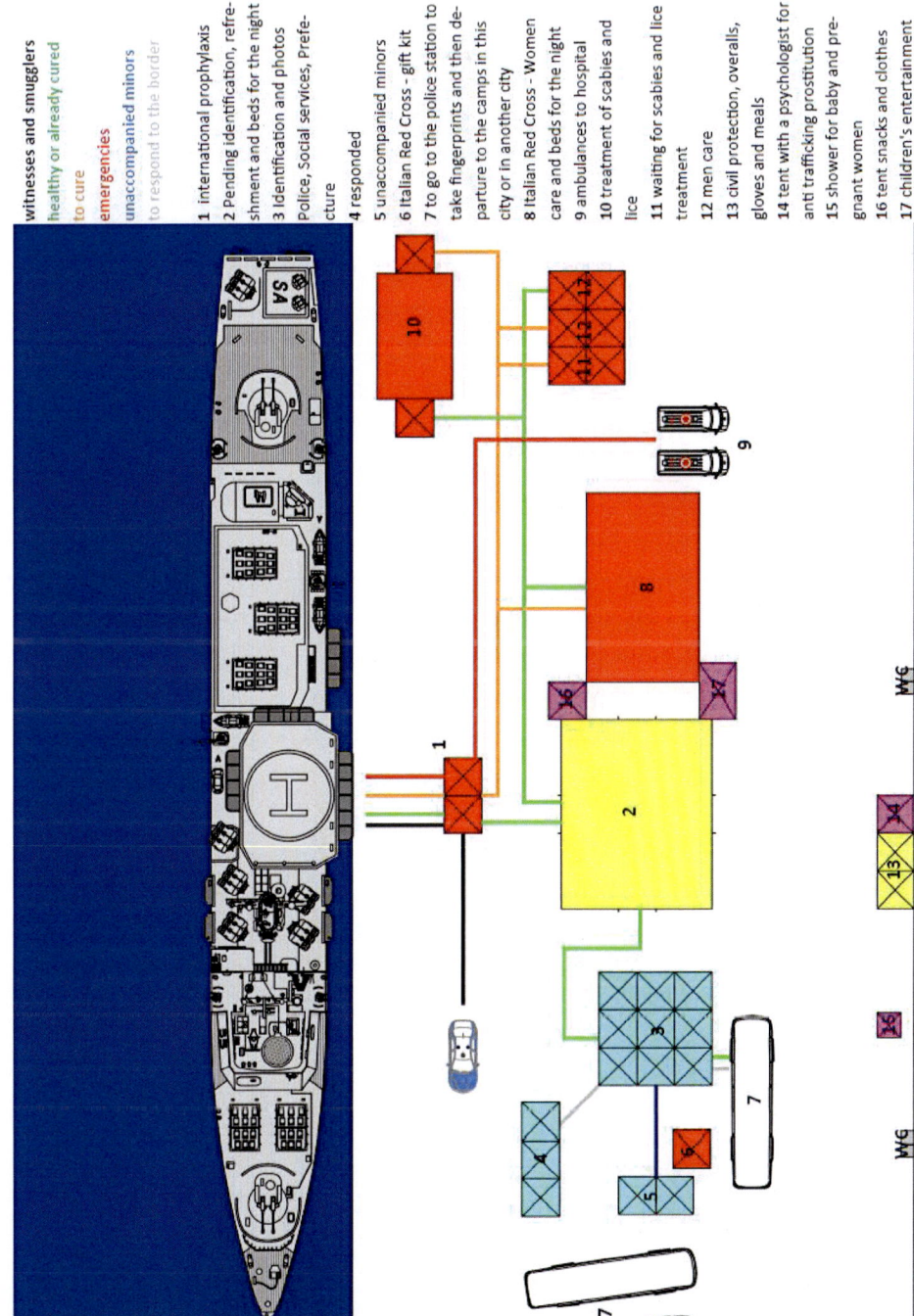

witnesses and smugglers
healthy or already cured
to cure
emergencies
unaccompanied minors
to respond to the border

1 international prophylaxis
2 Pending identification, refreshment and beds for the night
3 Identification and photos Police, Social services, Prefecture
4 responded
5 unaccompanied minors
6 Italian Red Cross - gift kit
7 to go to the police station to take fingerprints and then departure to the camps in this city or in another city
8 Italian Red Cross - Women care and beds for the night
9 ambulances to hospital
10 treatment of scabies and lice
11 waiting for scabies and lice treatment
12 men care
13 civil protection, overalls, gloves and meals
14 tent with a psychologist for antI trafficking prostitution
15 shower for baby and pregnant women
16 tent snacks and clothes
17 children's entertainment tent

Angela Mallamaci

Der ´Götze` Geld

Ich bin Angela Mallamaci und bin eine Volontärin (Freiwillige) des Vereins „UNATTA" Gida Reggio Calabria (Kalabrien). Das, was mich dazu gebracht hat, alles auf freiwilliger Basis zu tun, ist der Wunsch, meine Zeit und meine Energie zur Verfügung zu stellen. Um Freiwillige zu sein, praktische Solidarität zu üben, braucht man keine Ausweise, man braucht konkretes Handeln, wo immer Hilfe nötig ist. Das Lächeln, das man von denen dafür erhält, die von der Welt vergessen worden sind, ist die Kompensation dafür, die viel mehr entschädigt und ausgleicht als der „Götze" Geld. Das, was mich dazu gebracht hat, erstmals diese Erfahrung zu machen, war der Wille zum Helfen. Diese Menschen klopfen unentwegt an unsere Türen und man kann diesen Tragödien gegenüber weder gleichgültig noch ahnungslos bleiben.

Zu den reichsten Erfahrungen, die ich gemacht habe, zählt zweifellos die Ankunft des Schiffes am Hafen. Einer weint und einer lacht, einer betet und einer singt, eine Hymne an das Leben seitens dessen, der es geschafft hat, der Gewalt und dem Schmerz zu entkommen; und die Erfahrung im Aufnahmezentrum, wo ich ihre Geschichten hören und das Herz der Liebe öffnen durfte. Ich glaube, dass ein jeder die Artikel in diesem Buch lesen und damit beginnen sollte, die Wirklichkeit mit den eigenen Händen zu greifen und damit eine Übereinstimmung zwischen den Institutionen zu erreichen.

Mein Wunsch ist es, dass es eine Hoffnung auf eine bessere Zukunft für jeden von ihnen geben sollte, dass sie nicht mehr fliehen müssen vor der Gefahr und in voller Freiheit leben können mit der Liebe und dem Frieden, den jedes menschliche Wesen verdient. Die Voraussetzungen für so

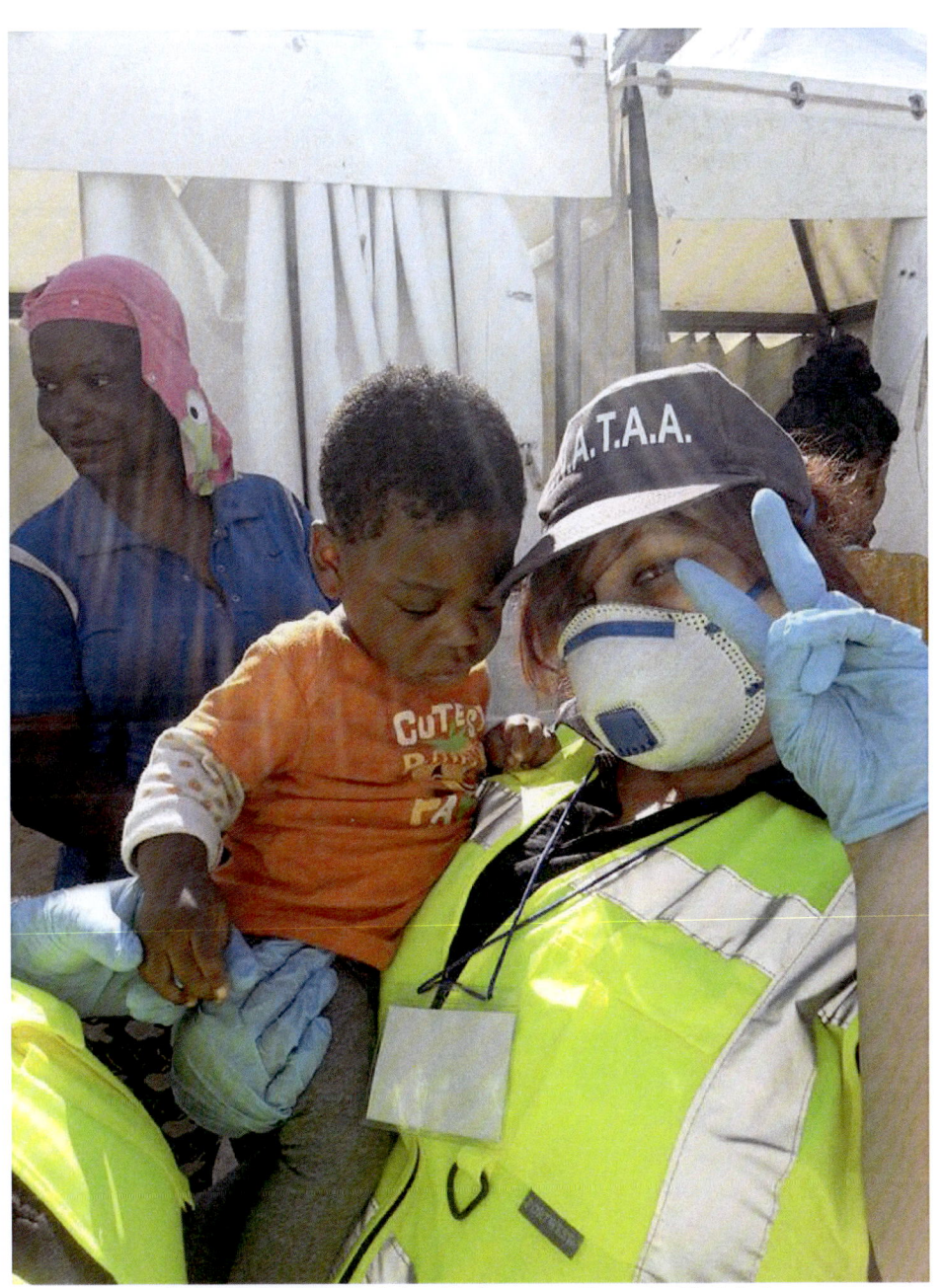

Foto: Angela Mallamaci, im Hafen von Reggio Calabria

71

eine Zukunft sind: Dass die Institutionen, und zwar alle, und besonders die, welche die politische Verantwortung tragen, ob europäische oder italienische Politiker, sich ein Gewissen daraus machen, wenigstens einmal ihre Parteiräson, die Staatsräson, die Marktinteressen außen vor lassen und sich für die Interessen dieser MENSCHLICHEN WESEN einsetzen.

Wir können angesichts der Migrantinnen und Migranten, unseren Geschwistern, nicht gleichgültig bleiben. Mit unserem Schweigen riskieren wir es, zu Komplizen zu werden. Wir tragen eine moralische Verantwortung. Menschen, die ihr Leben riskieren in der Hoffnung, Freiheit und eine bessere Zukunft zu finden ..... Wir brauchen Humanität! Schließlich sind wir alle Passagiere auf dem gleichen Schiff.
Ich bin einverstanden mit einer weiteren Zusammenarbeit.
Angelamalla05@gmail.com

Caterina Canale

Bei der Landung die Migranten in dieser Stadt nicht mehr sich selbst überlassen

Ich bin Freiwillige des Zivilschutzvereins UNATAA. Ich bin ganztägig aktiv und arbeite vollständig gratis. Meine intensivste Erfahrung war diejenige, die ich am Hafen von Reggio Calabria gemacht habe, und zwar während der Phase der Bootslandungen der Migranten. Während dieser Phase habe ich eine spärliche Präsenz von Politikern feststellen können – nicht dass sie etwa tatkräftige Hilfe angeboten hätten. Sie haben also wenig Verantwortlichkeit gezeigt. Deshalb ist es mein Wunsch für die Zukunft, dass die Lokalpolitiker direkt mit Hand anlegen sollten und mehr Verantwortung übernehmen sollten. So könnten sie wenigstens verstehen, um welche Probleme es geht. Also wären die Voraussetzungen für diese Leute, dass sie durch konstante und konkrete Hilfestellung bei der Landung die Migranten in dieser Stadt nicht mehr sich selbst überlassen würden. Tatsächlich habe ich noch heute Kontakt mit einigen Migranten, und sie fragen noch heute um Hilfe nach, und deshalb sammle ich noch heute Geld für sie, um ihnen zu helfen und die Miete für ein Haus zu bezahlen.

Foto: Caterina Canale, im Hafen von Reggio Calabria

INTERVISTA_ITA

ein Projekt kollektiver „Sorge" gegenüber den Personen und gegenüber dem Land

CatArTica Care ist eine informelle Gruppe von Künstlern, Musikern, Kritikern und unabhängigen Kuratoren, bestehend aus Roberto Giriolo, Elvira Lamanna, Luigi Scopelliti, Michele Tarzia und Valentina Tebala. Unser Zusammenschluss ist im Süden Italiens beheimatet. Dieses Kollektiv ist in Cataforio entstanden, einem Ortsteil von Reggio Calabria. Unser Name hat seinen Ursprung nicht nur in Cataforio, sondern auch in der Idee einer möglichen „Katharsis", die die Wichtigkeit von Kunst und Kultur als gemeinsame Transformationsagenten unterstreicht. Unsere Projekte entwickeln sich „von unten", in der Achtsamkeit gegenüber dem Territorium der Personen, die es bevölkern. Unser Interesse besteht darin, soziale und kulturelle Themen aufzugreifen; es verbindet sich mit dem Willen, die Gemeinschaft zu sensibilisieren im Hinblick auf besondere Thematiken verschiedener künstlerischer Ausdrucksformen. Bildung und verschiedene Perspektiven haben uns dazu gebracht, über die aktuelle Situation nachzudenken. Wir teilen vielfältige Visionen, die nicht nur mit dem Süden zu tun haben, die aber versuchen, physische und politische Grenzen zu überwinden, sei es in nationaler oder persönlicher Hinsicht. Das Ziel ist es, Grenzen niederzureißen und ein gemeinsames Terrain zu schaffen durch Initiativen und Reflektionen, die es ermöglichen, die Diversität aller einzubeziehen, ohne jegliche Etikettierung, Unterdrückung oder Diskriminierung, aber für ein Projekt kollektiver „Sorge" gegenüber den Personen und gegenüber dem Land.

Wir sind nicht wirklich Aktivisten, aber wir versuchen, mit unseren Initiativen und künstlerischen Aktionen das Verständnis von Immigration genauer zu erfassen. Unsere Aktionen sind spontan entstanden, ausgehend von verschiedenen Untersuchungen. Jeder von uns hat sich von Anbeginn seiner persönlichen und professionellen Entwicklung mit sozialen Themen beschäftigt. Wir haben diverse soziale, politische und kulturelle Problematiken untersucht und das aktuelle Phänomen der afrikanischen Migration hat uns dazu gebracht, dass wir in einer Frage, die so dringend ist wie nie zuvor, gemeinsam agieren. Wir glauben, dass die Suche nach der Möglichkeit, ein würdiges Leben zu führen, zu den Grundrechten jeder Person gehört. Besonders auf dem Territorium, auf dem wir leben, dem Süden Italiens, wird die Handlung des „Migrierens" täglich erfahren, von dem Moment an, wo wir es am eigenen Leibe erfahren haben, so wie unsere Ahnen, die uns nach Norden oder ins Ausland verpflanzten. Die Migration steckt in unserer DNA, deshalb sind wir auch das Ergebnis von Generationen von Emigranten. Und doch sind die ökonomischen und politischen Ursachen immer andere, derzeit vor allem in einigen afrikanischen Ländern: Unterdrückung, Gewalt oder extreme Armut. Ein kollektives Projekt könnte auf der einen Seite abzielen auf eine Offenlegung der Bedingungen so zahlreicher Migration, vor allem übers Meer, und auf der anderen Seite auf Aktionen, die „unten" ansetzen, beim Bürgerwillen, der sich auf unterschiedliche Weise selbst organisiert, weil die Verantwortlichkeit für eine andere Gesellschaft auch bei uns selbst liegt.

Roberto Giriolo, Lampedusa 2010

Elvira Lamanna hat die Forschungsarbeit eines Jahres (2015-2016) im Zusammenhang mit der Doktorarbeit in „Curatorial Knowledge" an der Fakultät für „Visual Knowledge" an der Goldsmith Universität London fertiggestellt. Sie hat „Embodiments of a *we*" geschrieben, eine Untersuchung über drei militante Organisationen aus Philosophen und Aktivisten in Europa, die sich mit drängenden Fragen unserer Zeit wie Präkarität und Migration befassen. Eine der Organisationen, *Maiz*, ist ein selbstorganisiertes Frauenprojekt aus Brasilien mit Migrantinnen, die nach Linz (Österreich) gezogen sind und die ab den neunziger Jahren Kulturprojekte mit Migrantinnen realisieren, eingeschlossen auch den Unterricht in Deutsch als Leitsprache. Angefangen bei Fragen in Zusammenhang mit der Arbeit bis hin zu rechtlichen Fragen beschäftigt sich das Kollektiv damit, die Perspektive der Migrantinnen zu vermitteln, darin eingeschlossen sind auch kritische Prozesse des „Self-Empowerment".

Michele Tarzia und Vincenzo Vecchio, Filmemacher des Künstlerduos {movimentomilc} haben ein Video mit dem Titel *Méduses* realisiert *(ITA, 2012-5' – archiv footage)*. Dieses Video entstand bei der Tragödie des 3. Oktober 2013 an der Küste von Lampedusa und untersucht mit Archivbildern als Dokument die Tragödien der Migrationsströme im Mittelmeer. Auf dem Video stellen die Migrantenboote langsame Bewegungen dar, metaphorischer Weise sehr ähnlich denen der Quallen (*ital. meduse, d. Übers.*). Die Reise wird von den Menschen gemeinsam unternommen, aber leider mit unterschiedlichem Ausgang – Ankunft oder Tod im Meer.

Der Künstler Roberto Girlolo hat im Jahr 2010 die Trilogie des Südens (*ital. trilogia del sud, d.Übers.*) realisiert, zu der das Werk „Lampedusa" gehört. Dieses Werk ist eine zutiefst berührende Hommage, eine Hymne an die Insel, die so viele Migrantinnen und Migranten aufgenommen hat, die auf der Suche nach einem besseren Leben sind. Aus der Sicht des

Foto: CatArTica Care, Armos´s cemestry, 15.10.2016

Künstlers ist das Mittelmeer nach so vielen verzweifelten Versuchen, es zu überqueren ein riesiger Friedhof voller unerfüllter Träume geworden. Lampedusa ist nicht das gelobte Land, aber es ist ganz sicher eine Tür der Hoffnung. Der Bildhauer Luigi Scopelliti ist während einiger Ankunftssituationen von Migrantinnen und Migranten in Reggio Calabria in Kontakt mit verschiedenen Migrationsgeschichten gekommen, und er hat mit der Serie *Emigration zone* begonnen. Der Titel der Serie selbst kommt aus der Analyse der doppelten Wurzel der Migration in seiner Stadt – hinein und hinaus. Seine Arbeiten erzählen Geschichten in Gestalt von Installationen und Skulpturen und

Foto: CatArTica Care, Armos´s cemestry, 15.10.2016

stammen aus einer Erforschung und einer Dokumentation direkter Zeugenaussagen der Migranten. Der Künstler verarbeitet Objekte und Symbole aus Details wie getragenen Sandalen oder dem Plastikbecher, der zum Betteln gebraucht wurde.

Vor kurzem, am 15. Oktober 2016, haben wir einen Erinnerungstag am Friedhof der Migrantinnen und Migranten in Armo (Reggio Calabria) organisiert. Dies war ein Tribut an die 45 Migrantinnen und Migranten, die bei der Überquerung des Mittelmeers starben, wie so viele andere. An diesem Tag platzierte Luigi Scopelliti seine 45 Terracottaschwalben auf einigen Felsen als permanente Installation. Alle diese

Schwalben schauen gen Süden und warten darauf, den Flug aufzunehmen. Eine Schwalbe für jeden Leichnam. Während dieses Tages lasen wir Dokumente, Gedichte und Schriften über die Migrationstragödien, begleitet von Kontrabass und Gitarre. Eines dieser Dokumente ist ein Brief von Adal Neguse an seine Brüder. Wir zitieren einige Sätze:

„Abrish, mein kleiner Bruder, jene, welche dich aus dem Land warfen, und jene, welche dir keinen Schutz geben wollten, werden im Jenseits dafür bezahlen. Aber heute muss ich dir etwas versprechen: Ich werde nicht zulassen, dass deine Feinde im Frieden leben. Tod dem barbarischen Diktator! Abrish, meine Augen sind voller Tränen und mein Herz blutet. Ruhe in Frieden." [1]

Unter diesem Link könnt ihr alle Texte dieses Tages auf einem Video „Abrish 1" finden:
https: // www.youtube.com/watch?v=2zg-OmyNXZO&feature=youtu.be

Dieses Ereignis war für uns eine sehr bewegende Erfahrung, die in uns ein starkes Gefühl von Verlorenheit und Machtlosigkeit zurückgelassen hat.
Derzeit arbeiten wir als Ehrenamtliche mit den *Médicins du Monde* zusammen, einer französischen NGO. Seit Monaten ist diese Organisation in Reggio Calabria in der Betreuung von minderjährigen Jugendlichen in den Erstaufnahmezentren aktiv. Unsere Zusammenarbeit mit MEDU hat zum Ziel, künstlerische und kulturelle Projekte zu realisieren, die Prozesse der Integration und des Selbsterhalts unterstützen. Eines der Projekte, *„Our hands",* sieht die Errichtung von *murales* vor, die zusammen mit den

---

[1] http://www.archiviomemoriemigranti.net/evidenza/show/1484

Jugendlichen, die in den Zentren leben, aufgebaut werden sollen. Die Idee stammt aus einem Entwurf eines dieser Jugendlichen aus den Aufnahmezentren. Im November 2016 haben wir einige Musiksessions mit Jugendlichen in den Zentren in Reggio Calabria realisiert, und wir planen auch, eine Bibliothek für die minderjährigen Migranten einzurichten. Wir sind uns bewusst, dass diese Aktivitäten nicht zu großen und plötzlichen Veränderungen für die Migranten und die Stadt führen werden, weil es ein langer und schwieriger Prozess ist. Und doch glauben wir an die Notwendigkeit, verschiedene Vorschläge auf den Weg zu bringen, die der Integration förderlich sind, auch wenn wir die Widersprüchlichkeit des Prozesses zur Kenntnis nehmen. Die Integration startet immer bei einer geteilten Perspektive, um gemeinsam zu prüfen, ob es für uns als menschliche Wesen mit der gleichen Würde eine gemeinsame Perspektive gibt.

Die Frage der Verantwortlichkeit kann sehr risikoreich sein. Man könnte riskieren, die Situation selbst aus den Augen zu verlieren und in eher nutzlose Verhaltensweisen zu verfallen, die nirgend wohin führen. Wir glauben, dass jeder von uns auf irgendeine Weise für das verantwortlich ist, was geschieht, wenn auch auf unterschiedlichen Ebenen. Es handelt sich nicht nur um Immigration, sondern auch um Integration, Armut oder Bürgerkriege. Die Diskussion über die Verantwortlichkeit kann auf weitreichendere Problematiken ausgedehnt werden. Die Vorherrschaft von kolonialen und kapitalistischen Politiken hat im Lauf der Zeit vor allem Intoleranzen unter der Zivilbevölkerung ausgelöst. An zweiter Stelle verursachte diese Vorherrschaft einen Bruch zwischen Staat und Zivilbevölkerung in höchst kritischem Ausmaß. Was wir alle heute erfahren und womit Migrantinnen und Migranten zu tun haben, hat viel zu tun mit dem historischen Erbe eines barbarischen Kolonialismus, dessen dramatische Auswirkungen heute noch präsent sind. Deswegen leiden viele Völker bis heute an mangelnder Identität und mangelnden basalen Freiheiten. Es handelt sich um politische Entscheidungen, wie sich die Staaten des Okzidents, vor allem Europa und die USA, gegenüber Afrika und dem Mittleren Osten verhalten. Die USA wie Europa haben versucht, diese Länder zu destabilisieren, um eine Kontrolle politisch-militärischer Art zu behalten, bereit zu eventuellen Konflikten und auch zur Verfolgung ihrer eigenen ökonomischen Interessen.

Hieraus resultiert eine Fragestellung, die wir übermitteln wollen: *Warum haben die Kolonialstaaten wie Frankreich, Italien, Deutschland und viele andere den Schengen-Vertrag unterschrieben? Vielleicht weil sie die Migrationsflüsse nach so vielen Jahren der Ausplünderung vorhergesehen haben?*

Wir finden, alle sollten dieses Buch lesen. Weil es wesentlich ist, dass wir alle zur Kenntnis nehmen, wer wir sind, Weltbürger, und dass wir autonom sind und in aller Unterschiedlichkeit die Verantwortung übernehmen für unser Verhalten. Eine große Aufmerksamkeit müsste sich auf die Schulen richten, um dabei den Jugendlichen (Männern und Frauen von morgen, wahren Herren und Herrinnen der Zukunft und der Veränderung) die Bedeutung dieser komplexen Themen in höchst bewusster und „menschlicher" Weise nahezubringen. Aber, um ehrlich zu sein, sie sind die ersten, die uns wahre Lektionen der Menschlichkeit übermitteln, wie zum Beispiel, wenn wir sie mit spontanem Enthusiasmus zusammen mit den Jugendlichen der Aufnahmezentren spielen sehen.

Der mit den Problemen dieser Art zusammenhängende Wunsch ist der, dass es unterschiedliche Maßnahmen auf lange Sicht gibt, die die Situation so bald wie möglich ändern. Diese Migration, die zu Dramen Unschuldiger im Mittelmeer werden, muss das Bewusstsein in jedem Land wecken. Weil es schon zu spät ist.

Auf der einen Seite wissen wir, dass wir uns nicht die Naivität leisten können zu glauben, es sei ein leicht erreichbares Ziel. Auf der anderen Seite möchten wir mit Nachdruck Veränderungen als möglich und real ansehen.

Wir fordern eine aktive und von der Notwendigkeit der Emigration getragene Unterstützung. Wir möchten eine von der Basis getragene und jedes Individuum und die Gemeinschaften einbeziehende Forderung nach Verantwortlichkeit der politischen Kräfte. Unser Wunsch für die Zukunft ist es, dass es mehr Beweglichkeit und Bewusstheit der Persönlichkeiten des öffentlichen Lebens gibt. Dies scheint uns ein möglicher Weg zu sein, kleine, aber substanzielle Veränderungen auf den Weg zu bringen. In unserem Leben geht's los.

CatArTica Care
catarticacare@gmail.com
https://www.facebook.com/Catartica-Care-379498768845732/?fref=ts

Übersetzungen der Beiträge aus Italien:
Dr. Inge Philliper

Daniel (27) aus Eritrea

Ich musste zum Militär mit 15 Jahren

Ich bin und ich komme aus Eritrea. Ich bin 27 Jahre alt. Ich war in meinem Land bei der Armee. Bei ich war in Armee, das Leben in der Armee ist sehr schwer, deshalb verlasse ich mein Land, wie andere jungen Menschen auch. Ich musste zur Armee mit 15 Jahren. Ich habe jeden Tag daran gedacht, wie ich wegkomme. 2014 bin ich weggelaufen. Von meinem Land nach Äthiopien es dauerte 7 Tage und danach 3 Tage blieb ich in Äthiopien. Danach ging ich nach Sudan. Dafür brauchte ich 8 Tage, zu Fuß und mit Auto mitgefahren. In Sudan war ich 6 Stunden. Dann fuhr das Auto nach Libyen. Bis jetzt kostete es von Eritrea nach Äthiopien 1500, von dort zum Sudan 1800 und vom Sudan nach Libyen 1600 und dann nach Italien auch 1600 US Dollar. Der Geldtransfer ging immer über das Handy der „Senssari", - den Kontaktpersonen. Das sind Angestellte.... Wir hatten einen Code besprochen mit den Bekannten im Land - Verwandte, Freunde, die das Geld überwiesen. Die rufen dann an und organisieren den Geldtransfer per Bank.

Vom Sudan nach Libyen brauchte ich 30 Tage. In der Sahara war ich 10 Tage, weil unsere Autos vom ägyptischen Militär von einem Helikopter abgeschossen wurde. Es kam aus Libyen, um uns abzuholen. Nun mussten wir warten auf ein anderes Auto. Es war tags sehr heiß und sehr kalt nachts. Wir waren etwa 420 Menschen. Viele von denen waren wie ich vom Militär geflohen. Wir wären alle ins Gefängnis gekommen, hätte man uns aufgegriffen.

Danach fuhren wir zuerst nach Bengasi. Von dort wurden wir mit einem LKW in Richtung Tripolis gefahren. Wir wurden in einer Halle gehalten, viele Leute, keine Betten, wir wurden versorgt, ein Brötchen für zwei und Wasser, wir waren gefangen. Wir waren aus unterschiedlichen Ländern. Es gibt Salzwasserduschen und wir konnten nicht raus. Nachdem bezahlt wurde, wurde ich mit einem Transporter nach Tripolis in eine frühere Thunfisch Fabrik gefahren – „Mesraa". Das war eine Katastrophe. „Weil wir schlafen in der Toilette", - es gab keine, - irgendwo hin. Die Halle konnten wir nicht verlassen, - neun Tage. Etwa 800 Leute in einer Halle, Kinder, Frauen, Männer, Schwangere, Junge, 4 und 5 Jahre, ein Kind 2 Monate alt und die ältesten so etwa bis 45 Jahre: 1 Liter Wasser, ein Brötchen am Tag.

Nach 9 Tagen wurden wir nachts geweckt und es ging sofort los. Sachen hatten wir keine. Kongo Schuhe - Plastiksandalen, Jogginghose, irgendwo zum Strand T-Shirt und Jacke.- Wir gingen zum Strand und fuhren mit einem kleinen Boot aus Holz zum großen Boot aus Holz, - unten 200 Personen oben 250 Menschen. Unten ist es gefährlich wegen Abgasen und Benzin. Ich saß oben auf der linken Seite, - wir konnten das Licht der Ölplattform sehen. Es war im April 2014. Alle haben überlebt.

Foto: Barbara Held

Das ging 8 Stunden. Wir hatten einen marokkanischen oder tunesischen ´Kapitän`, der ein GPS hatte. Danach kam ein Flugzeug, dass uns erkannt hat und dann kam ein italienisches Militärschiff.
Nummer 404. Zwei mit schwarzen Anzügen fuhren mit Wasserjetski und ein Motorboot. Wir wurden alle auf die Plattform hinten auf dem Schiff gebracht. Es gab eine kleine Portion Spaghetti, wir saßen auf einer Art ´Landestraße`, Raketenwerfer waren zu sehen.
Nach Sizilien sind wir gefahren,- das dauerte einen Tag. Bis nach Raussa. Im Hafen gab es Essen und zu trinken und

Kleidung. Dort blieb ich 4 Tage, dann ging es nach Bari, von dort nach Österreich und dann nach Deutschland.- bis Dortmund, Aufnahmelager Unna, und dann Wickede und dann nach Delbrück in Ostwestfalen. Hier lebe ich jetzt 2 Jahre und 8 Monate.

Daniel, was denkst, was sollte sich ändern?

Das ist alles ein großes Problem, es ist Korruption, politische Verstrickungen. Wir können nicht fei sein bei uns im Land, wir können da nicht leben. Die Regierung muss dort aufgelöst werden, mit der Regierung haben wir keine Zukunft. Wer mit unserer Regierung Verhandlungen macht bringt uns um. Viele ausländische Firmen sind in den letzten Jahren gekommen. Die Regierung muss weg.

Ich will einfach leben und arbeiten. Am liebsten als Automechaniker. Audi.

Mich hat hier bis jetzt noch niemand so gefragt.

Anas

Wer den Wind sät, wird Sturm ernten

Wir sind von Libanon nach Algerien mit dem Flugzeug geflogen, in Algier habe ich einen alten Freund getroffen, meiner Kindheit Freund, mit ihm ich die schönst Zeit meiner Flucht verbracht habe.

Ein paar Tage denn wir sind weiter mit dem Taxi bis zu El Oued gefahren, da in einem Holtel haben wir 2 Tage übernachtet. Bis jetzt sind wir auf die Probleme nicht gestoßen, vom Holtel, das in El Oued liegt, mit dem Bus bis nach Deb Deb gefahren, das Distanz war etwa 800 Km in Wüste. Wir sind da In der Nacht angekommen, dann haben wir die Grenze zwischen Algerien und Lebyen übergangen, und jetzt fangen die Schwierigkeiten an. Die Schmuggler kammen, um uns abzuholen, die waren aber keine Schmuggler, die waren wirklich Monster. Von hinter der Grenze haben sie uns ins Gefängnis abgeholt, zum Glück sind wir in dem nicht lange geblieben. An der Morgendämmrung kam ein doubler LKW, wir sollten gezwungen in das einsteigen, obwohl wir über 100 Leute waren. Kann man die Aussicht als Gurkentopfe beschreiben. Während der Fahrer angefangen loszugehen hat, ein Tor vom LKW selbst geöffnet hat, an dem ich gelegen habe. Gott sei dank, dass ich geborgen worden bin. Und..... Losgegangen. In der Wüste unser Führer war ein Jung, er war unter 17 Jahre alt, und hattet er ein Gewehr Ak 47, wir sollten seine Befehle ausführen, zwar im Tag war es zu warm, aber in der Nacht war es zu kalt. Der Fahrer hat den Weg verloren, denn unser Wasserstand ist leer gegangen, ein Reifen vom hinteren Wagen ist undecht geworden, dann sollten wir alle in einem Wagen sitzen. Es war anstrengend, es war tragisch.

3 Tage noch in der Wüste kalt, warm, Geräuche, Hunger und Durst so wie Hölle, ungefähr 1500 km dann haben wir endlich Zuwara erreicht, da habe ich Bilder von. Wir dachten, dass wir im Paradies geworden sind, und ab jetzt gibt es keine Wüste mehr. Die Wahrheit war aber das Gegenteil, wir waren etwa 75 Leute in einem kleinen Haus und jeden Tag kammen neue Leute, und wir hatten nur ein Badezimmer, ein mal pro Tag konnten wir essen. Wir haben Höllenqualen erlitten. Tagelang wir sind als Gefangenen, wir durften nicht draußen gehen, es war bei uns Ramdan, der fassten Monat, kommt das Fest, dann das Fest ist vorbei, und wir sind immer noch im Haus. An dem 12 Tag kamm der Chef, er war böse, und er hat uns geschrien, es war so wie eine Hölle. Er und seine Begleiter haben uns zum Strand gebracht, am Strand sind wir in ein kleines Fischerboot eingestiegen, die Frauen mit den Kindern sind ganz vorne gesessen, die Afrikanische war im Keller, da sie tiefer bezahlen, und wir waren ganz hinten vom Boot. Ca 120 Leute waren wir auf dem kleinen Fischerboot, eine Nussschale, es war eine Katastrophe, während wir unterwegs waren, ist die Wasserpumpe kaputt gegangen, davon mussten wir zurück bis zur Küste fahren, als wir neben der Küste waren, sind einge Leute ausgestiegen, sie wollten nicht mehr fahren, denn der Schiff hat sie geschlagen. Wir alle waren angstvoll, und manche Leute haben oft gebetet. Auf halbem Weg, hat die Meereswellen sich erhöht. Wir sind 12 Stunde angefahren, ein Marokkaner hat die Not angerufen, er ist in Italien geboren, und die Hilfe gebietet, ich habe genau neben ihm gesessen, und wir haben alle zusammen aiuto aiuto geschritten, dann kamm ein italienisches Schlachtschiff, um uns aufzunehmen. Auf dem Schiff die Lage war auch schlimm, das Schiff hat vielen Leute aufgenommen, und das hat lange gedauert, nur eine Speise ist für uns pro Tag, und immer die gleiche"Reis"

Es war Sommer und die Sonne war scharf, die Nacht war kalt.

Wir hatten keine Decke und kein Kissen.

1500 Leute auf dem Schiff waren wir, und wir sollten schlafen nah nebeneinander, das erinnert mich an die Herden.

5 Tage noch denn wir haben Tarento erreicht, vonda sind wir mit dem Bus bis nach Modena. Ich bin in Europa genau seid 2 Jahren, das ist das erste mal, in dem ich jemandem meine Geschichte gründlich erzählt habe, für andere aber ich bin ein besonderer Mensch, der eine Chance verdient, ich finde aber, das sind die falsche Gedanke, in Wahrheit ich bin nur ein Flüchtling, alles ist um herum mir fremd, ich muss vom Null anfangen, obwohl Alles hat sich abgedampft, was ich gehabt habe... Ich brauchte keine Unterschtützung und Förderung, ich brachte keine neue Sprache zu lernen, ich msste nicht, falls es in meiner Heimat keinen Krieg gibt, über einen gefährlichen Wege zu flüchten, ich war ein Bürger, heute bin ich ein Asylbewerber, irgendwann wir ich vielleicht abgeschlossen.

Man sagt, warum kommen die Flüchtlinge nach Europa, ich sage, wer den Wind sät, wird Sturm ernten.

Der Schlüssel ist bei der Weltgemeinschaf der Krieg in Syrien und überall in der Welt zu beenden, aber es gibt keinen globalen Willen den Krieg zu beenden. Der ist eigentlich lukrativ.

Der Tod kommt zu uns vom Himmel, und wir alleine bezahlen die Rechnung.

Daniel (29) aus Eritrea

Ich will kein Geld, nur in Frieden leben

Ich komme aus Eritrea. Ich stamme aus Asseb. [Die Informationen zur Familie werden bewusst nicht veröffentlicht, um Daniel und seine Familie nicht in Gefahr zu bringen. (MK)] Ich war beim Militär, in der Stadt. Alle meine Papiere sind beim Militär. Ich habe in der Stadt als Mechaniker in einem Nachrichtensender gearbeitet und war zuständig, die Signalstärke zu regeln. Ab der 11. Klasse wurden alle jungen Menschen staatlich verpflichtet und in einem Camp ausgewählt, wer zum Militär oder zur Ausbildung oder zum Abitur kommt, aber Alles war staatlich militärisch. Mit 22 Jahre fing die Ausbildung als Elektroniker an. Tag und Nacht war ich im Dienst. Tags als Elektriker, nachts als Wachpolizei mit Waffen. Ich war sehr unzufrieden mit meinem Leben. - So wie viel andere der eritreischen jungen Männer. Genauso ging es den Frauen,- es sei denn, diese werden schwanger, dann konnten sie nach Hause. Alle arbeiten bis zu 17 Stunden.

Ich habe 2013 entschieden, weg zu gehen, weil mein Leben nicht vorankam. Als ich mich weigerte, den Polizeidienst zu machen, wurde mir gedroht, ins Gefängnis zu kommen. Die Leute werden so kurzgehalten, alle sollen nicht auf Gedanken kommen. Tag und Nacht arbeiten, es gibt nichts Anderes mehr – nicht mit mir!

Danach 2013 habe ich das Land verlassen. Ich habe meinen Chef gefragt, meinen Monatsurlaub zu bekommen. Dabei bin ich in die Hauptstadt gefahren und zu Verwandten, - Alles ist kontrolliert worden, Aufenthaltsbescheinigungen auf Papier. Ich habe mit Hilfe die Grenze überquert. Am 11.06. war ich in Äthiopien und wurde dort kontrolliert. Alle Papiere wurden mir weggenommen und ich bekam einen kleinen Ausweis. Ich

91

habe drei Monate in Äthiopien in einem UN Fluchtlingscamp /Unicef gelebt. (Hintsats [13°33,36´ N; 038°07,52´ O]) Das Camp war schlecht – Alle nutzten Zelte und das auch bei viel Regen und Staub und die typische Krankheit war Malaria. Jeden Tag kamen 500 oder mehr, 500 gingen. Es lebten dort ungefähr mehr als 20000 Menschen. Dann wollte ich in den Sudan. Mit dem Bus bis zur Grenze 400 Birr, vielleicht 50 Dollar, ganz legal. Ungefähr 500 bis 600 Leute sind in Bussen organisiert bis an die Grenze gefahren. Danach sind wir zu 600 Leuten durch die Steppe gelaufen. Das sudanesische Militär zwang uns auf LKWs. In einem Militärcamp wurden wir versorgt, mit Wasser und dort haben wir zwei Tage gewartet. Von dort wurden wir bis auf die kranken Frauen mit 600 Leuten zur Rückführung gezwungen nach Äthiopien in großen LKWs. Dort wurden wir von der Äthiopischen Armee aufgenommen, draußen, und wir wurden mit Wasser versorgt.

Nachts sind wir dann von Sanssari - Schlepper – Alles ist ein System, wir konnten es damals nicht erkennen - und die Senssari von Äthiopien übergeben uns den Senssari von Sudan. Alles findet in der Steppe statt. Es ist organisiert, - das hin und her von Anfang an bis nach Deutschland, ohne dass wir etwas gemerkt hätten, noch dass jemand anders einschreitet. Wir liefen viele Stunden. – Bis zu einem kleinen Dorf. Dort gab es etwas Brot und Wasser. Dann kamen zwei große LKWs und nur mit 80 Leuten sind wir mit dem LKW gefahren. Viel Stress, viele haben sich übergeben. Nach zwei Tagen erreichten wir eine kleine Stadt, wo wir nachts in Busse umstiegen, um nach Kartun zu fahren. Nach weiteren drei Tagen gefangen in kleinen Wohnungen mussten wir das Geld organisieren, dann waren wir frei. 500 Dollar. Im Sudan war ich als Christ ziemlich in Gefahr, musste mich geschützt halten, nachts alleine war nicht möglich, - immer verstecken. Diese Frage kam immer – den ganzen Tag im Sudan und

Libyen von den Männern und den Frauen: „Bist Du etwa ein Christ?" Dort habe ich drei Monate gewartet.

Und danach bin ich nach Libyen gefahren. Bis in die Mitte der Wüste mit den 'Senssari` – ganz eng auf einem Pick-Up. Zwei ganze Tage tagelang auf dem Pick-Up, mit 18 Leuten. Angekommen warteten wir 4 Tage, dann kamen die libyschen 'Sensarries` mit einem Auto und nahmen uns mit dem Landcruiser voll überladen: 26 Leute getrennt nach Sudanesen und Eritreern, darunter 4 Mädchen. Wir fuhren bis Bengasi. Für 6 Tage sind wir gefahren - zu trinken gab es immer kleine Portionen mit dem Schluck Wasser aus dem Deckel einer Flasche. Kein Essen. Nachts machten die 'Senssaries` Pause und machten sich Essen und tranken Alkohol. Wir bekamen nichts. Wir hätten die natürlich überwältigen können, aber die Wüste sieht überall gleich aus, wir hätten nicht überlebt - wir haben ausgehalten, uns auch schlagen lassen.

Nach 13 Tage Wüste erreichten wir Bengasi. Dort habe ich in einem großen Lager drei Tage gewartet. In diesen Tagen hat mein 'Bruder` den Geldtransfer organisiert. 1500 Dollar. Das geht über einen Mittler, der ruft meinen 'Bruder` an, der das Geld zur Überweisung anweist. Sie haben uns also ganz in der Hand. Von diesem Lager wurden wir in ein zweites Lager gebracht für diejenigen, die bezahlt haben. Dort wartete ich und nach 6 Tagen wurden wir in einen großen LKW geladen, - versteckt. Der LKW hatte alte KFZ-Teile geladen, unter denen wir uns versteckt haben, weil durch die IS und Polizei kontrolliert wurde. Wir fuhren die ganze Nacht.

Morgens um 0900 Uhr erreichten wir ein großes Lager Mezrea, das liegt zwischen Bengasi und Tripolis. Dort warteten wir mit etwa 500 Leuten etwa 9 Tage. Dann wurden wir in einem Taxi zwei Stunden bis nach Tripolis gefahren. Da habe ich in mehreren Wohnungen der Senssari gewohnt für etwa zwei Wochen. Hier wurde wieder ein Geldtransfer organisiert und abgewartet, bis es verbucht war. Die Banken machen mit. Alles wie gewohnt. Von dort ging es in ein großes Lager am Meer. Das Lager war früher eine große Thunfischfabrik. Dort wartete ich 11 Tage. Es hat sehr gestunken, weil es keine Toiletten gab, es war einfach Scheiße, viele Krankheiten, besonders Hautkrankheiten, Läuse.

Insgesamt war ich einen Monat in Tripolis. Am 29.06.2014 bin ich mit immer 15 Menschen zum großen Schiff aus Holz gefahren worden. Insgesamt waren wir auf dem großen Holzschiff 1034 Menschen. Ich wurde gebeten, den Kindern und schwangeren Frauen zu helfen. Ich war im Zwischendeck. Das Schiff war blau. Nach 4 Stunden kam ein libysches Boot und die schossen in die Luft. Es gab Verhandlungen mit dem Land, dann konnten wir weiterfahren. Die libyische Militärmarine, die uns angehalten hatte, wurde von Ali regiert. Die Senssaries und die Militärmarine haben einen gemeinsamen Chef. Ich habe bei diesem Ali in einem seiner Häuser warten müssen. Die Leute gingen da ein und aus, - die Senssaries, und vor allem viele Libyer haben viel Alkohol getrunken. Wir haben uns still gehalten. Ali hatte eine eritreische Frau.

Die Senssaries sind natürlich dankbar für das Geld. Wir sind dann den ganzen Tag und Nacht gefahren. Von der Ölplattform [Italienische Ölplattform vor der Küste Libyens, die durch ihre hohen Aufbauten und deren Beleuchtung eine enorme Reichweite hat und auch als Lichtschimmer am Horizont weit zur Orientierung dienen kann] kamen zwei Versorgungschiffe der italienischen Plattform.

Foto mit Restlichtverstärker, die libysch - italienische Ölplattform ´Bouri` DP4, nordwestlich von Tripolis vor der libyschen Küste.   Martin Kolek

Dann fuhr eines wieder weg. Als unser Schiff Wasser machte, kamen die italienischen Schiffe und übernahmen alle 1034. Das Holzschiff wurde zurückgelassen.
Wir fuhren nach Sizilien, etwa 2 Tage lang. An Land wurde der Kapitän sofort festgenommen.   Dort warteten viele Doktoren, alle wurden untersucht. Kranke wurden versorgt. Dann fuhren wir bis Saragozza zur Polizeistation und dort haben wir geschlafen, Samstag. Sonntag haben wir gefrühstückt. Viele sind in der Zwischenzeit geflüchtet. Wir sind dann auch losgefahren - wieder mit Senssaries, weil wir ja die gleiche Sprache sprechen. 100 Euro von Catania dort 5 Tage – dann bis Rom. Dann von Nizza nach Paris und dann nach Deutschland.   In Deutschland hat uns die Polizei zu einem Tierpark gebracht – wo wir geschlafen haben, dann nach Unna Dortmund – und kam dann nach Delbrück.

Manchmal wurden im Lager Frauen von den Sensarries einfach rausgeholt. Sie waren bewaffnet, wir konnten sie nicht zurückhalten. Die Frauen wurden vergewaltigt und zurückgelassen.

Wir haben ein Scheißleben, - eigentlich zwei: Du stirbst oder Du überlebst: also machst Du Dich auf den Weg: - weil leben ist Leben. Ich konnte keine Familie versorgen und auch keine Familie gründen - keine Zukunft. Jetzt lebe ich und habe Frieden, ich lebe und nun bin ich Vater, es ist Frieden.

Bisher hat mich niemand so etwas gefragt. Die Behörden fragen, ob der Stempel da ist und wo meine Fingerabdrücke sind und durch welche Länder ich gegangen bin. Aber was los ist, was wirklich mit mir ist, das hat bisher niemand gefragt.

[In den drei Berichten werden Nachnamen und Verwandte aus Sicherheitsgründen nicht benannt.]

Emmanuel Mbolela

Sich stellen oder kaputt gehen

Im Herbst 2004 kam ich nach zwei Jahren langer und mühsamer Flucht in Marokko an. Ich sah mich am Ende meiner Entbehrungen angekommen. Aber ich irrte mich. Wenige Wochen später wurde eine Razzia in Rabat, der Hauptstadt von Marokko organisiert. Männer, Frauen, Kinder und Babies wurden aus dem Schlaf gerissen, gefangen, in Handschellen gelegt und zum Polizeikommissariat mitgenommen, das sich einige hundert Meter von unserer Unterkunft entfernt befand. Dann wurden sie in einen Bus gepackt, um nach Oujda, einer Stadt an der Grenze von Marokko zu Algerien gebracht zu werden. Ihr einziges Verbrechen bestand darin, keinen Pass zu haben. Schon war da wieder eine Situation, die mich zwang, in Angst und Furcht zu leben. Außer dieser polizeilichen Gewalt sahen wir uns auch der Diskriminierung wegen unserer Hautfarbe und unseres Elendes ausgesetzt. Wir hatten Angst, nach draußen zu gehen, da man uns festnehmen konnte. Wir blieben tagelang eingesperrt in unseren Ghettos. Wenn wir festgenommen wurden und in die Wälder an der Grenze verbracht wurden, wurden wir Teil eines Pingpongspiels, das die algerischen und die marokkanischen Polizisten spielten. Die letzteren schubsten uns nach Algerien und diese wiederum schubsten uns zurück nach Marokko. Wir, die wir doch Menschen waren, wurden wie diese kleinen Pingpong-Bälle behandelt. Es gibt keine Worte, die gut ausdrücken können, welche Schmerzen, Leiden und Erniedrigungen sich Menschen gefallen lassen müssen, nur weil sie keine Papiere haben.

Diese Tatsache, dass Papiere so betrachtet wurden, als wären sie mehr wert als menschliche Wesen, konnte mich nicht unberührt lassen. Ich hatte mein Land, die demokratische Republik Kongo verlassen, weil ich mich im Kampf um die Ungerechtigkeit engagiert hatte. Und jetzt sollte ich akzeptieren, in dieser Diskriminierung zu leben? Diese Frage beunruhigte meine Gedanken Tag und Nacht.

Man muss sich stellen oder man geht kaputt. Sich stellen bedeutet für mich, die Fackel des Kampfes wieder aufzunehmen, zu reden und laut zu schreien, um auf diese Situation aufmerksam zu machen. Kaputt gehen bedeutet, zu akzeptieren, dass man so schlecht behandelt wird und den Mund zu halten. Ich habe mich entschieden, mich zu stellen.

Das ist der Anfang eines endlosen Kampfes, den ich in Marokko begonnen habe und den ich in Europa weiterkämpfe. In Marokko musste ich Kontakt zu den Freunden aufnehmen - Untergetauchten, wie man uns gerne nannte, und wir haben zusammen eine Organisation gegründet, ARCOM (Gemeinschaft von Flüchtlingen und Asylsuchenden aus dem Kongo in Marokko); das hat uns die Möglichkeit gegeben, uns zu organisieren und eine Kampagne zu führen, für jeden sichtbar zu machen, wie wir Opfer der Angriffe auf unsere fundamentalen Rechte geworden sind.

In Europa angekommen stelle ich mit Bitterkeit und Schmerz fest, dass die Behandlung der Menschen, die man als papierlos bezeichnet, nicht anders ist als in Marokko. Und das, obwohl Europa laut und deutlich sagt, es sei der Garant der Freiheit und der Grundrechte der Menschen. Die Migranten, die in Europa ankommen, nachdem sie so viel mitgemacht haben während ihrer Reise, werden in Gefängnissen untergebracht, wo sie jahrelang festgehalten werden und eine moralische Tortur mitmachen, die lebenslange Spuren hinterlassen wird. Andere werden ausgewiesen ohne Erbarmen und auf inhumane Weise.

Europa lässt Menschen im Mittelmeer sterben und weigert sich, ihnen zu helfen unter dem Vorwand, dass die Rettung der Migranten positive Gerüchte nach sich ziehen würde. Indem es so handelt, scheint Europa die schwere Verantwortung zu vergessen, die es in den verschiedenen Ursprungsländern der Migranten hat.

Wie ich es in meinem Buch, „mein Weg vom Kongo nach Europa" geschrieben habe, sind die eigentlichen Gründe der Auswanderung nicht die Armut Afrikas sondern die Verarmung Afrikas durch die Plünderung der Ressourcen, die den Söhnen und Töchtern ein glückliches Leben garantieren sollten. Die Afrikaner, insbesondere die jungen sind gezwungen, ihr Land zu verlassen und befinden sich auf dem Weg ins Exil, weil Europa herrschende Diktatoren unterstützt, die hervorstechen durch schlechte Regierungsführung, weil Europa wohl weiß, dass diese Herrscher ihre Beute auf den europäischen Banken verstecken werden.

Die Afrikaner/innen befinden sich auf dem Weg ins Exil, weil Europa bewaffnete Konflikte schafft mit der Absicht, Afrika zu destabilisieren und einerseits ihren multinationalen Konzernen zu erlauben, Rohmaterialien zu plündern und andererseits ihren Waffenfabriken ihre Waffenlager zu räumen. Die Afrikaner kommen nach Europa, weil sie mit Recht denken, dass sich da, wohin man ihre Rohmaterialien bringt, die Fabriken befinden, in denen sie Arbeit finden könnten.

Die Afrikaner nehmen den Weg der Migration, weil ihre Ländereien aufgekauft werden von Multinationalen in Komplizenschaft mit örtlichen Kollaborateuren, um Produkte anzubauen, die für den Export bestimmt sind und die einheimische Bevölkerung ohne Land zurücklassen und sie zwingen, ihre Dörfer zu verlassen, um in den großen Städten zu wohnen, wo sie ohne Arbeit und ohne Zukunftsperspektive sind. Was soll man von dem Fischfang sagen, den die großen europäischen Unternehmen in den afrikanischen Gewässern praktizieren und damit die handwerkliche Fischerei zerstören und Millionen von lokalen Fischern arbeitslos machen? Abkommen über Wirtschaftspartnerschaft, die nur dem Namen nach partnerschaftlich sind, die den Afrikanern aufgedrängt werden mit dem einzigen Ziel, die Reichtümer Afrikas nach Europa zu abzuziehen.

Mit Konferenzen und öffentlichen Demonstrationen habe ich den Kampf in Europa aufgenommen im Schoß des transnationalen Netzwerkes „Afrique Europe interact", um Europa an diese Verantwortung zu erinnern. Wenn ich schweigen würde, würde ich Schuld auf mich laden. Ich lade oft meine Kameraden in Europa, die Papiere haben, ein, ihre Papiere einzusetzen zum Nutzen derer, die keine Papiere haben, indem sie sich mit einsetzen für Respekt den Migranten gegenüber und die volle Anerkennung der Rechte der Migranten. Und meinen Kameraden, denen man keine Papiere gibt, sage ich, sie sollen die Arme nicht sinken lassen, nicht mutlos werden. Sie müssen sich mobilisieren und sich einsetzen in den verschiedenen Bewegungen und Organisationen, die kämpfen gegen die beschämende, diskriminierende, xenophobe Migrationspolitik, die Europa betreibt. Diese Politik gründet sich nur auf den Aspekt der Hilfe, sie respektiert nicht die Menschenrechte der Migranten und ist die Grundlage für das Ansteigen des Rassismus in Europa.

Wir müssen für eine Migrationspolitik kämpfen, die sich an den Menschen orientiert. Wir atmen dieselbe Luft und wir haben Anteil am selben Planeten, der Erde. Also sind wir gezwungen, zusammen zu leben, zusammen zu reisen, wohin man möchte. Deshalb organisiere ich Versammlungen an Universitäten und Schulen in Europa, um die Generation der Studenten und Schüler mit in diesen Kampf einzubeziehen. Die jungen Menschen haben eine wunderbare Fähigkeit, die Welt zu verändern. Ihr Geist ist noch nicht formatiert durch die Gedanken, die an sie herangetragen wurden. Ich glaube fest an eine Veränderung der europäischen Gesellschaft, wenn die Jugend sich diesen Kampf zu Eigen macht.

Nur der Kampf befreit. Wir müssen diesen Kampf mit den legalen Mitteln führen, die sich in den internationalen Texten finden, die von Europa geschrieben sind. Diese Texte (Genfer Flüchtlingskonvention von 1951, internationale Konvention zur Arbeitsmigration, allgemeine Erklärung der Menschenrechte) sind von den Ländern Europas unterzeichnet und ratifiziert und unser Kampf muss darin bestehen, ihre Anwendung einzufordern. Darum sage ich: Entweder wir stellen uns oder wir gehen kaputt.

Übersetzung aus dem Französischen:
Dr. Waltraud Teigeler

Emmanuel Mbolela, Buchautor: Mein Weg vom Kongo nach Europa; Zwischen Widerstand, Flucht und Exil; Mandelbaum, 2014

www.afrique-europe-interact.net

Ingo Werth

Ich möchte, dass Alle ein Recht haben auf ein Überleben

„Nein, Herr Binner, ich teile Ihre Auffassung nicht, dass es eine Katastrophe ist, dass Ihr Fahrzeug zu morgen früh nicht repariert ist und Sie für einen Tag den öffentlichen Personennahverkehr bemühen müssen „Katastrophen gehen anders ...""

Ebo liegt neben mir, er weint leise vor sich hin, ich dachte er schläft, aber er ist viel zu aufgewühlt, als dass er schlafen oder zur Zeit sprechen kann. Ich sitze auf dem Brückendeck unserer Sea Watch 2, meine Hand ruht auf Ebo`s Oberkörper, ich habe das Gefühl, dass Nähe und ruhiger Körperkontakt ihm gut tun.

Februar 2015: Ebo, 31 Jahre alt, beschließt mit seinem Vater und seiner Schwester Akua von Ghana nach Libyen zu gehen, um dort Arbeit zu finden und seine Familie zu unterstützen. Die politische Situation in Libyen hat sich noch nicht überall in Afrika herumgesprochen und der Ruf des Landes als großer und bezahlender Arbeitgeber war unter Ghaddafi legendär.

Es ist der Moment, als ich meinte wahrgenommen zu haben, dass Ebo eingeschlafen war, als er zu sprechen begann. Leise, ganz zaghaft, aber ich kann sein gutes Englisch problemlos verstehen.

Ebo und sein Vater Atu finden Arbeit auf dem Bau, wie viele andere „Gastarbeiter" aus anderen Ländern (oder sollen wir sie lieber Sklaven nennen, das würde das Verhältnis besser beschreiben?). Ebo und Atu arbeiten von morgens drei Uhr oft bis nachts um elf, sie leisten schwerste körperliche Arbeit, sie sind schlecht ausgerüstet, die Schuhe fallen ihnen von den Füßen, für neue reicht das Geld zuerst nicht, denken sie, aber später auch nicht.

Manchmal werden sie bezahlt, manchmal auch nicht. Es ist ein Hungerlohn, aber auch der bleibt ihnen selten.

Ebo zeigt auf seine zahllosen Narben, auf den fehlenden Schneidezahn und den schief verwachsenen Mittelfinger der rechten Hand. Wenn Ebo die Baustelle verlässt, dann warten dort schon die Jungs mit den Waffen. Ein Kampf ist aussichtslos, obwohl die Gegner erst zwölf, dreizehn Jahre alt sind. Sie sind mit Waffen ausgestattet, die überall erhältlich oder zu erbeuten sind, Waffen bestimmen oft die Kultur des zerfallenen Staates Libyen, das Land ist „außer Rand und Band", gesetzlos nach unseren Maßstäben, es gilt das Recht des Stärkeren. Ebo gibt das wenige Geld heraus, dass er gerade bekommen hat, was sollte er auch tun, zu sehr schmerzen noch die Wunden der letzten Woche, als er, schon ausgeraubt, nichts mehr geben konnte und der Gewehrkolben in seinem Gesicht landete. Er weiß genau, welche Narbe welchem Überfall zuzuordnen ist. Afrikaner von der Ost- und der Westküste oder der Subsahara sind in Libyen oft als der letzte Dreck angesehen, man kann sich ihrer bedienen, man kann sie ausbeuten, erniedrigen und zusammenschlagen, sie sind völlig rechtlos, gerade, wenn es Migranten sind, die, wie Hunderttausende anderer, auf einen Platz auf einem Boot warten. Sind die „Durchgangsmigranten" der Grund dafür, dass bei den vielen Geretteten fast keine Libyer auf unseren Schiffen zu finden sind? Sind die Flüchtlinge der anderen afrikanischen Staaten ein Garant dafür, dass eine Form von sozialem Aufstieg gelingt?

Ebo „lebt" mit seinem Vater Atu und seiner Schwester Akua in einer Baracke in der Nähe von Tripolis, sanitäre Einrichtungen gibt es nicht, Akua versucht zumindest einen Grundstandard zu erhalten, während die beiden auf

Arbeitssuche oder auf einem Job sind. Akua lernt andere Frauen aus Westafrika kennen, ein Garant dafür, dass sie in ihrem jungen Alter nicht total vereinsamt, den anderen Frauen geht es wie ihr.

Ebo spricht jetzt wieder ganz leise, mehr weint er die Worte, als er von der Baustelle erzählt, auf der es wieder mal keinen Lohn gab. Atu und er hatten eine ganze Woche gearbeitet, sechs mal zwanzig Stunden und es sollte wieder keinen Lohn geben. Sie hatten die ganze Woche schon kaum etwas gegessen, sich von den Abfällen ernährt, die Akua auf der Straße oder an den Imbissen in der Nähe fand, Atu hat es nicht ausgehalten wie ein Sklave behandelt zu werden, wie ein bettelnder Hund weggejagt zu werden, nur weil er um seinen schwer verdienten Hungerlohn bittet.

Sie haben ihn erschossen, noch auf der Baustelle, noch in dieser Nacht. Ebo hat nun für Akua alleine zu sorgen, neben der Trauer wird die Perspektive nicht besser, sie sind nach wie vor völlig mittellos.

„Ebo," frage ich, „warum seid Ihr nicht nach Hause, nach Ghana zurück gegangen?" „Ich habe alle gefragt, keiner wollte uns mitnehmen, wir hatten keinen Cent um bezahlen zu können..."

Ende des letzten Jahres war Akua plötzlich verschwunden, es war noch nie vorgekommen, dass sie nicht auf ihren Bruder wartete, egal wie spät in der Nacht er von der Arbeit heimkam. Ebo ahnte Schlimmes, er konnte kaum einen klaren Gedanken fassen, er zwang sich zur Ruhe. Kein Auge hatte er zugetan, aber er schleppte sich im Morgengrauen wieder zur Arbeit, für ihn und Akua die einzige Chance mit seinem Geld zu entkommen. Als er in dieser Nacht nach Hause kam fand er den Zettel, von solchen Zetteln hatte er schon oft gehört.

Er solle seine Familie informieren, stand darauf, sie mögen per Western Union Geld schicken, sonst würden sie sich nicht wiedersehen.

Eine Situation, die uns immer wieder berichtet wird, Menschen werden in Libyen einfach gefangen gehalten und die Familien werden erpresst. So fließen zu den Transportkosten noch zig Millionen in die Hände von Verbrechern. Ebo`s Familie ist arm, sie leihen sich in der Nachbarschaft in Ghana Geld, Ebo arbeitet wie ein Irrer um seine Schwester zu befreien, nach einer Weile gelingt es ihm, was Akua während ihres Märtyriums widerfahren ist, weiß nur sie alleine.

Zwei Monate später bleibt Akua dann für immer verschwunden, es ist der Moment in dem Ebo final beschließt zu fliehen, ein Verweilen würde auch ihn umbringen, da ist er sich sicher. Wieder fragt er alle Menschen, die er kennt, er spricht mit anderen Migranten auf der „Durchreise", er versucht ein Netzwerk von Ghanaern aufzubauen, quasi eine Selbsthilfeorganisation zur Flucht. Alles scheitert, viele haben im Voraus „gebucht" und bezahlt, aber Ebo wollte in Libyen doch nur arbeiten und dann wieder in seine Heimat zurückkehren.

Die Sonne brennt auf das Vordeck, selbst unter dem aufgespannten Sonnenschutz, der im Fahrtwind flattert, ist es noch heiß. Es ist gerade zwei Stunden her, dass Ebo mit 32 anderen Männern auf einem überfüllten Holzboot uns quasi vor den Bug fuhr. Sie hatten vor Stunden an der libyschen Küste, am Strand von Sabratha abgelegt, sie fuhren durch die dunkle Nacht ohne navigatorische Kenntnisse, sich nur an den Flammen der Ölfabrik „el Bouri" orientierend und an den Lichtern der Küste im Rücken. Sie hatten Wasser und Kekse an Bord, aber eine Chance Europa auf dem eigenen Kiel zu erreichen hatten sie nicht.

Ich frage, ob es sein Traum ist, in Europa zu bleiben, er verneint, er will nur etwas Geld verdienen und so schnell wie möglich zu seiner Familie nach Ghana zurückkehren.

„Ebo, wie hast Du die Überfahrt bezahlt, woher hattest Du das Geld?" Ich höre ihm zu, als er berichtet, dass er vor lauter Verzweiflung drei Wochen am Strand neben diesem kleinen 6.8m langen, blau roten Holzboot geschlafen hat, um ja nicht die Abfahrt zu verpassen „... und als sie das Boot zu Wasser gelassen haben, bin ich einfach aufgesprungen und sie haben mich nicht weggeschickt ..." Erst jetzt fällt mir auf, dass Ebo am Körper noch über und über mit Sand übersät ist.

Ebo ist geflohen, alleine, ohne Schuhe, mit einer zerschlissenen Hose und ohne Hemd.

Mit einem Körper voller Narben und mit einer geschundenen Seele ist er einer von Dreien, der überlebt hat, weil sein Wille zu überleben stärker war als alle Menschenverachtung und Gewalt, die er in den letzten 18 Monaten ertragen musste.

Ich bin auf einer Veranstaltung auf einer deutschen Ferieninsel zu einem Vortrag und Gespräch eingeladen, der Saal ist voll, ich habe auch über Ebo berichtet, als ein älterer Herr fragt: "Und Sie, Herr Werth, wollen, dass alle diese Menschen zu uns nach Europa kommen?" „Ja", sage ich, „ich möchte, dass Menschen wie Ebo eine faire Chance haben zu überleben, ja, ich möchte, dass Menschen wie Ebo zu uns nach Deutschland kommen und dass wir uns verantwortlich zeigen."

Am Ende der Veranstaltung klatscht auch dieser Mann, vielleicht hat sich etwas getan, dann wären wir auf einem guten Weg.

Ingo Werth, Jahrgang 59, Inhaber einer Autowerkstatt, Politische Arbeit seit der Schulzeit, Segler, Einsatzleiter der SW II

Ingo Werth und Julanie; Foto: Barbara Held

Werner Ruf

Fluchtursachen oder:

„Schießt doch, wir sind schon tot!"

Nie werde ich dieses Bild vergessen, das sich mir vor mehr als zehn Jahren eingeprägt hat: In der Hauptstadt der algerischen Kabylei war – wieder einmal – ein 17Jähriger von der Polizei totgeschlagen worden. Am nächsten Morgen standen Tausende Jugendliche vor der Polizeiwache mit einem riesigen Transparent, auf dem stand: „Schießt doch, wir sind schon tot!"

Dies ist der Ausdruck des Elends, der Perspektivlosigkeit, die die Jugend in den Maghrebländern Algerien Marokko und Tunesien kennzeichnet: Mehr als die Hälfte von ihnen, oft gut ausgebildet, ist arbeitslos und hat keine Aussicht, aus diesem Elend herauszukommen, zum elterlichen Haushalt beitragen, geschweige denn irgendwann einmal eine Familie gründen zu können. Da kann man bei der Flucht übers Mittelmeer doch nur gewinnen: Entweder man ertrinkt, dann hat das Elend ein Ende, oder man schafft es doch ins „Paradies" nach Europa, wo man auch ohne Papiere, als „Illegaler" eine jämmerlich bezahlte Arbeit in der Landwirtschaft, im Dienstleistungssektor finden kann: Für die Arbeit-„Geber" ein gutes Geschäft, für die Geflüchteten womöglich ein Anfang für ein Leben in „Würde".

Seit mehr als zwei Jahrzenten sammelte die Guardia Civil an den spanischen Stränden die Leichen ein - die, die es geschafft hatten, verschwanden im Untergrund der Illegalität. Ein für die Medien interessantes Problem waren die damals noch relativ kleinen Zahlen nicht. Das änderte sich mit der wachsenden Zahl der Flüchtlinge aus dem Raum südlich der Sahara: Ganze Familien, ja bisweilen Dörfer, kratzen ihr ganzes Vermögen zusammen, um einem Sohn die Flucht zu ermöglichen. Er wird zum Hoffnungsträger: Gelingt die Reise, kann er im „Paradies" Fuß fassen, wird er die Familie ernähren mit dem guten Geld, das er im „Paradies" ganz sicher verdient...

Ob das gelingt, steht allerdings auf einem anderen Blatt: Die Reise ist nicht nur lang und beschwerlich, meist reicht das Geld nicht für die Lotsen und die Schlepper, die man braucht, denn die Sahara ist noch gefährlicher als das Mittelmeer: Die Flüchtlinge werden ausgeplündert, die letzten Groschen werden ihnen abgenommen. Dann muss man, in Konkurrenz zu den vielen Schicksalsgenossen, erst einmal neues Geld verdienen, oft durch kriminelle Aktivitäten. Tausende, ja Abertausende schaffen es nie. Seit drei Jahrzehnten tauchen immer wieder Berichte auf über verdurstete Flüchtlingsgruppen, die in der Sahara gefunden wurden. Viele landen in der Sklaverei, die in Libyen, Algerien, Marokko wieder aufblüht, viele schließen sich Milizen an, die nach Art der Landsknechte im 30jährigen Krieg von Mord und Plünderung leben. Dieses eine Perspektive zu nennen, klingt zynisch. Aber es ist bittere Realität auf einem Kontinent, an dessen Verelendung „wir" entscheidenden Anteil haben.

So hat die EU mit fast allen nordafrikanischen und schwarzafrikanischen Ländern Freihandelsabkommen abgeschlossen. Das klingt gut, „Freiheit" ist immer gut. Aber was, wenn sich „Freiheit" nur auf Waren, Kapital und Dienstleistungen bezieht, nicht aber auf Menschen? Als erstes Handelshemmnis müssen die Zölle fallen. Sie sind aber oft die einzige Einkommensquelle der schwachen Staaten, die für die Infrastruktur, für Schulen, Krankenhäuser und Verkehrswege zur Verfügung stehen. Die mit den Freihandelsabkommen einhergehende Investitionsfreiheit nutzt den europäischen Unternehmen, die diese Länder in verlängerte Werkbänke verwandeln: Die billigen, kaum zum Überleben reichenden Löhne sichern höhere Profite.

Die industriellen, billig weil durch Maschinen gefertigten Waren führen zu einer gnadenlosen Konkurrenz mit den in diesen Ländern entstehenden, kleinen Industrien und Manufakturen. Das gilt auch für landwirtschaftliche Projekte, die den hoch subventionierten europäischen Agrarprodukten keine Konkurrenz machen können. Was heißt dann "Freihandel" angesichts solcher Subventionen in Milliardenhöhe? Was heißt „Freihandel", wenn politische Rahmenbedingungen aufgezwungen werden, die nur auf die

Bedürfnisse des ausländischen Kapitals zugeschnitten sind, jede Entfaltung eines einheimischen Marktes aber schon im Keim ersticken?

Das so erzeugte soziale Elend verursacht politischen Druck: Es ist nicht verwunderlich, dass in so gut wie allen dieser Staaten mehr oder weniger diktatorische Verhältnisse herrschen, dass Repression, Folter, Terror an der Tagesordnung sind. Aber diese Diktaturen sind in der Regel „unsere Partner", halten sie doch durch die Niederschlagung sozialer Proteste, durch ihre systematischen Menschenrechtsverletzungen „uns" die von „uns" produzierten Elendsflüchtlinge vom Halse. Wie kann es sein, dass EU-Botschaften mit den Regierungen von Somalia (gibt es dort überhaupt eine Regierung?), Äthiopien, Eritrea und Sudan verhandeln, damit diese Grenzzäune bauen, um die Menschen an der Flucht zu hindern? Es sind nicht zufällig diese Länder, aus denen eine große Zahl von Flüchtlingen kommt. Gegen den Präsidenten des Sudan, Omar al-Bashir, liegt ein Haftbefehl des Internationalen Strafgerichtshofs vor …

Den Gipfel der neokolonialen Ausplünderung Afrikas bildet das so genannte *land grabbing*: In manchen der ohnehin schon von Hungersnöten geplagten Ländern wie Mali und Niger oder Äthiopien gibt es gigantische Ströme: Den Niger und den blauen Nil. Dort siedelten seit Jahrhunderten - wenn nicht Jahrtausenden - Menschen, die kleine Bewässerungssysteme für die Landwirtschaft und den Ackerbau betrieben. Fisch wurde gegen Hirse getauscht und umgekehrt. Nach der Ernte kamen die Nomaden, deren Herden die Hirsestängel fraßen – alles in allem ein sehr bescheidenes aber funktionierendes Auskommen.

Nun aber werden die Wassermassen „in Wert gesetzt":
Tausende Quadratkilometer afrikanischen Landes sind zum
Spekulationsobjekt an den internationalen Börsen geworden,
wo Hedgefonds, die Golfstaaten aber auch private
Spekulanten Flächen in Afrika kaufen. Staudämme werden
errichtet, in denen Kubik-Kilometer Wasser aufgestaut und für
riesige Bewässerungsprojekte genutzt werden sollen, die
schier unermessliche Flächen unter Wasser setzen. Dort
werden also nicht mehr Lebensmittel für die Menschen
angebaut, sondern spekulative Produkte für den Weltmarkt
wie Biosprit oder Zuckerrohr. Die Menschen, die keine
Besitztitel haben, weil es ja keinen Kataster gibt, werden
massenweise von den korrupten Inhabern der Macht
vertrieben, sie werden mit Gewalt zu Flüchtlingen gemacht.
Die riesigen bewässerten Flächen sorgen außerdem dafür,
dass Krankheiten wie Malaria und Bilharziose sich geradezu
epidemisch verbreiten.

So sind „wir" an der Produktion von Hunderttausenden, wenn
nicht Millionen Flüchtlingen beteiligt, die mit absoluter
Sicherheit keine Chance auf Asyl in der EU haben werden,
sollten sie die mehrfach lebensgefährliche Reise ins
vermeintliche Paradies Europa überstehen. Denn sie sind ja
„Wirtschaftsflüchtlinge", die nur in den allerseltensten Fällen
eine individuelle politische Verfolgung nachweisen können.
Die Festung Europa zieht nicht nur hohe Mauern hoch, sie hat
viele Befestigungen schon im Vorfeld, in ihrem Rechtssystem
geschaffen. Wie damit umgegangen wird, zeigt die im
Handumdrehen betriebene Erklärung von Algerien, Marokko
und Tunesien zu „sicheren Drittstaaten": Egal, ob dort die
eigene Bevölkerung gefoltert wird, ob Flüchtlinge in Massen
in die Wüste gekarrt und dort von den LKWs abgekippt
werden, ob Flüchtlingslager in der Nähe der spanischen
Enklaven Ceuta und Melilla brutal geräumt und

niedergebrannt werden – „wir" haben die Definitionsgewalt: Ungeachtet all dessen, was wir von Menschenrechtsorganisationen wie amnesty international und vielen anderen sehr genau wissen, schaffen wir per Federstrich „sichere Drittstaaten". Dass wir damit unsere eigenen Werte, unsere Rechtstaatlichkeit und Demokratie selbst verletzen, scheint niemanden zu kümmern.

Werner Ruf, (80) Professor für internationale und intergesellschaftliche Beziehungen und Außenpolitik, Forschung in Tunesien, New York, Nordafrika, Frankreich, zuletzt Professor für Soziologie an der Universität in Essen, aktiv in der Arbeitsgemeinschaft für Friedens- und Konfliktforschung.
www.werner-ruf.de

Allgemeine Erklärung der Menschenrechte

PRÄAMBEL

Da die Anerkennung der angeborenen Würde und der gleichen und unveräußerlichen Rechte aller Mitglieder der Gemeinschaft der Menschen die Grundlage von Freiheit, Gerechtigkeit und Frieden in der Welt bildet,

da die Nichtanerkennung und Verachtung der Menschenrechte zu Akten der Barbarei geführt haben, die das Gewissen der Menschheit mit Empörung erfüllen, und da verkündet worden ist, dass einer Welt, in der die Menschen Rede- und Glaubensfreiheit und Freiheit von Furcht und Not genießen, das höchste Streben des Menschen gilt,

da es notwendig ist, die Menschenrechte durch die Herrschaft des Rechtes zu schützen, damit der Mensch nicht gezwungen wir, als letztes Mittel zum Aufstand gegen Tyrannei und Unterdrückung zu greifen,

da es notwendig ist, die Entwicklung freundschaftlicher Beziehungen zwischen den Nationen zu fördern, da die Völker der Vereinten Nationen in der Charta ihren Glauben an die grundlegenden Menschenrechte, an die Würde und den Wert der menschlichen Person und an die Gleichberechtigung von Mann und Frau erneut bekräftigt und beschlossen haben, den sozialen Fortschritt und bessere Lebensbedingungen in größerer Freiheit zu fördern,

da die Mitgliedstaaten sich verpflichtet haben, in Zusammenarbeit mit den Vereinten Nationen auf die allgemeine Achtung und Einhaltung der Menschenrechte und Grundfreiheiten hinzuwirken, da ein gemeinsames Verständnis dieser Rechte und Freiheiten von größter Wichtigkeit für die volle Erfüllung dieser Verpflichtung ist, verkündet die Generalversammlung diese Allgemeine Erklärung der Menschenrechte als das von allen Völkern und Nationen zu erreichende gemeinsame Ideal, damit jeder einzelne und alle Organe der Gesellschaft sich diese Erklärung stets gegenwärtig halten und sich bemühen, durch Unterricht und Erziehung die Achtung vor diesen Rechten und Freiheiten zu fördern und durch fortschreitende nationale und internationale Maßnahmen ihre allgemeine und tatsächliche Anerkennung und Einhaltung durch die Bevölkerung der Mitgliedstaaten selbst wie auch durch die Bevölkerung der ihrer Hoheitsgewalt unterstehenden Gebiete zu gewährleisten.

Artikel 1
Alle Menschen sind frei und gleich an Würde und Rechten geboren. Sie sind mit Vernunft und Gewissen begabt und sollen einander im Geiste der Brüderlichkeit begegnen.

Artikel 2
Jeder hat Anspruch auf alle in dieser Erklärung verkündeten Rechte und Freiheiten, ohne irgendeinen Unterschied, etwa nach Rasse, Hautfarbe, Geschlecht, Sprache, Religion, politischer oder sonstiger Anschauung, nationaler oder sozialer Herkunft, Vermögen, Geburt oder sonstigem Stand. Des Weiteren darf kein Unterschied gemacht werden auf Grund der politischen,

rechtlichen oder internationalen Stellung des Landes oder Gebietes, dem eine Person angehört, gleichgültig ob dieses unabhängig ist, unter Treuhandschaft steht, keine Selbstregierung besitzt oder sonst in seiner Souveränität eingeschränkt ist.

Artikel 3
Jeder hat das Recht auf Leben, Freiheit und Sicherheit der Person.

Artikel 4
Niemand darf in Sklaverei oder Leibeigenschaft gehalten werden; Sklaverei und Sklavenhandel in allen ihren Formen sind verboten.

Artikel 5
Niemand darf der Folter oder grausamer, unmenschlicher oder erniedrigender Behandlung oder Strafe unterworfen werden.

Artikel 6
Jeder hat das Recht, überall als rechtsfähig anerkannt zu werden.

Artikel 7
Alle Menschen sind vor dem Gesetz gleich und haben ohne Unterschied Anspruch auf gleichen Schutz durch das Gesetz. Alle haben Anspruch auf gleichen Schutz gegen jede

Diskriminierung, die gegen diese Erklärung verstößt, und gegen jede Aufhetzung zu einer derartigen Diskriminierung.

Artikel 8
Jeder hat Anspruch auf einen wirksamen Rechtsbehelf bei den zuständigen innerstaatlichen Gerichten gegen Handlungen, durch die seine ihm nach der Verfassung oder nach dem Gesetz zustehenden Grundrechte verletzt werden.

Artikel 9
Niemand darf willkürlich festgenommen, in Haft gehalten oder des Landes verwiesen werden.

Artikel 10
Jeder hat bei der Feststellung seiner Rechte und Pflichten sowie bei einer gegen ihn erhobenen strafrechtlichen Beschuldigung in voller Gleichheit Anspruch auf ein gerechtes und öffentliches Verfahren vor einem unabhängigen und unparteiischen Gericht.
(...)

10. Dezember 1948
Vereinte Nationen, Generalversammlung

Quelle: https://www.menschenrechtserklaerung.de/die-allgemeine-erklaerung-der-menschenrechte-3157/ Abruf 26.1.2017

Ute Laux: „Aufbruch Leben" aus der Reihe ´Sea.Watch`
www.utelaux.de

In den letzten Jahrzehnten erscheint das Recht auf Leben von
einem allgemeinen Menschenrecht zu einer exklusiven
Rechtspraxis gewandelt worden zu sein. Johannes Rau
betrachtete noch 2002 einen Dialog von Kulturen für
angemessen:

„J[...] Der Dialog der Kulturen ist zu einer selbstverständlichen Forderung geworden. Doch gerade bei scheinbaren Selbstverständlichkeiten, gerade dann, wenn etwas allen plausibel erscheint, ist es oft wichtig, noch einmal nachzufragen. Dialog der Kulturen - was kann man darunter eigentlich verstehen?

Zunächst: Einen wirklichen Dialog kann man nur führen, wenn die beteiligten Partner sich gegenseitig wirklich ernst nehmen. Er kann nur beginnen, wenn das Bewusstsein und das Gefühl gleichen Wertes und gleicher Würde vorhanden ist.

Der Starke führt mit dem Schwachen in der Regel keinen Dialog, sondern versucht ihn zu verdrängen oder ihm seine Weltsicht aufzudrängen.

Der Schwache wiederum führt mit dem Starken keinen Dialog, sondern igelt sich ein und versucht alles festzuhalten, was er irgendwie festhalten kann.

Das sind psychologische und soziologische Gesetze, die kein Appell an guten Willen außer Kraft setzten kann.

Das bedeutet auch, ich sage es einmal holzschnittartig: Arm und Reich führen keinen Dialog der Kulturen, sondern müssen um konkreten politischen und wirtschaftlichen Ausgleich ringen. Ein Dialog der Kulturen setzt Gerechtigkeit oder gerechte Verhältnisse voraus, zumindest den Willen und die Fähigkeit, sie anzustreben.

Ein zweiter Gedanke: Wer sich auf einen Dialog einlässt - und das gilt nicht nur für den Dialog der Kulturen -, der hat bereits eine fundamentale Grundentscheidung getroffen, darüber muss man sich klar sein. Er hat allein durch die Tatsache, einen Dialog zu führen, anerkannt, dass er allein nicht im Vollbesitz der ganzen Wahrheit ist. Wer im Besitz der ganzen Wahrheit ist, der betreibt Mission - und führt keinen Dialog, wenn das Wort noch sinnvoll sein soll.

Um es mit den Worten des gerade gestorbenen Hans Georg Gadamer zu sagen: Wer in einen Dialog eintritt, der lässt sich darauf ein, dass der andere vielleicht recht haben könnte.
Anders gesagt: mit Fundamentalisten kann man keinen Dialog führen. Der Eintritt in den Dialog ist bereits das Ende des Fundamentalismus.
Ein drittes: Dialog setzt friedliche Absichten und Motive voraus. Wer sich auf einen Dialog einlässt, der signalisiert damit, wenn er es ernst meint, dass er den anderen nicht bei der nächsten Gelegenheit umbringen will. Ein Dialog der Kulturen setzt also im Grunde Frieden voraus, zumindest friedliche Absichten und Friedensfähigkeit. Er ist kein Ersatz für Friedensverhandlungen, für Friedensschlüsse oder für befriedende politische Kompromisse. "[...][2]

2002 – 2017   Wer sind ´Wir`?
15 Jahre nach den Idealen von Johannes Rau wird auf Malta am 03.02.2017 mit einem EU Beschluss und der Vereinbarung einzelner europäischer Staaten festgelegt, dass eine libysche Küstenwache in Kooperation mit den Marineeinheiten der EU die fliehenden Menschen kontrolliert wieder an Land zurückbringt. Diese Vereinbarung macht Menschenrechte zu einem exklusiven Phänomen der EU Bürger, - ein Absurdum schlechthin. Menschenrechte beziehen sich ab sofort ausdrücklich nicht auf Menschen

---

[2] Aus einer Rede von Bundespräsident Johannes Rau anlässlich der Eröffnung des Rundgesprächs zum Thema "Religion, Kultur, Nation und Verfassung: Multiple Identitäten in modernen Gesellschaften" am 11. April 2002 im Schloss Bellevue Quelle: http://www.bundespraesident.de/SharedDocs/Reden/DE/Johannes-Rau/Reden/2002/04/20020411_Rede.html, Abruf 26.1.2017

außerhalb des europäischen Territoriums. Diese werden zu 'Flüchtlingszahlen` und 'Flüchtlingsströmen` verrechnet. Die Kontrolle der Menschen und deren Ausbeutung und Misshandlung wird an korrupte Machthaber abgegeben. Diese werden mit Rüstungs- und Finanzmitteln aus Steuergeldern der Europäer unterstützt und handwarm gemacht. Es sind oft die gleichen, - diejenigen die an der Macht sind und sowohl das Militär, die Polizeikräfte und auch die Schlepperindustrie führen. Die europäischen Machthaber verhandeln mit Libyen und kaufen sich auf Kosten der Flüchtenden und Migranten einen Absatzmarkt der eigenen Rüstung-, Militär-, und Polizeilogistik ein.

Nachzuvollziehen ist dieses Handeln vor dem Hintergrund wirtschaftlicher Interessen, in dem Menschen, egal wo und wie sie leben, untergeordnet werden sollen. Die Überzeugung, mächtig, besser und berechtigt zu sein und damit exklusive Rechte zu besitzen, wurde besonders im Deutschland der 30er und 40er Jahre praktiziert, indem offen von 'Untermenschen` gesprochen wurde. Der Konflikt entzündet sich offensichtlich an geographischen, geologischen und politischen Interessenfeldern, - das erfolgt aber nur, weil Menschen davon überzeugt sind, Macht über andere Menschen ausüben zu wollen, um materiellen Reichtum zu sichern. Das Leben als solches, das Menschsein, wird dieser Gier geopfert.

„Wir" – wenn wir unabhängig von Herkunft und offizieller Regierung füreinander denken und handeln, befinden uns im „Neuland", wo andere Werte jenseits eines ökonomischen Wertes gelebt werden wollen. Diesbezüglich ausgrenzende Gesetze und Vereinbarungen können also keine Bedeutung und keine Gültigkeit entfalten.

Martin Kolek

Rudolph Bauer

den freunden der musik an der meeresenge

andalusisch-marokkanische zigeunerweisen
fiedelnde geigenhaubenlerchen
wild trommelnde frösche
stolpernde zupflauten
und pfefferminztee

des mondes offenes auge der nacht
geschlossener mund schiffe mit
passagieren landen morgens
von den ufern kommend
der costa del sol

in der medina am fuße europas weißes
täubchen auf afrikas schulter raucht
großväterchen kifgras aus langen
hölzernen spitzen klopft glut in
die schalen aus ton

der alte beginnt zu singen und die anderen
fallen in den refrain worin es um liebe geht
um kraft und das gift der kobra
um kampf und verzweiflung
und tödliche lust

um die stinkenden leiden der flucht all jener
die verenden auf den seewegen zurück
ins paradies der verheissungen
über die meeresenge hinweg
im sehnen nach glück

121

Das Gedicht entstand in Tanger um 2000 herum, es wurde 2006 veröffentlicht (also schon vor zehn Jahren!) in meinem Gedichtband "Tanger und anderorts. Gedichte 2002 - 2006" (Bremen: Atlantik Verlag 2006).

Gedicht und Collage: Rudolph Bauer, (78), Sozialwissenschaftler, Publizist und Bildender Künstler. Von 1972 bis 2002 war er Professor für Sozialpädagogik an der Universität Bremen.
www.rudolph-bauer.de

Burkhard Blienert:

Kultur baut Brücken…

16. Dezember 2016

Wir beraten im Bundestag einen Antrag der Regierungsfraktionen zum Thema „Kultur baut Brücken". Nach zwölf Monaten zäher Diskussionen mit dem Koalitionspartner haben wir es endlich geschafft. Dabei war zwischendurch immer wieder unklar, ob die Hardliner in der Union und insbesondere in der CSU diesen Antrag überhaupt wollten. Für uns war immer klar: die rote Linie wird überschritten, wenn von Leitkultur die Rede ist, oder wenn im Kontext des ganzen Antrags nicht ein offener und toleranter Migrations- und Integrationsbegriff im Mittelpunkt steht. Für uns war klar: Kultur verbindet, Kultur ist etwas zutiefst Gemeinsames und nicht etwas Trennendes.

Aus dem Antrag „Kultur baut Brücken":
„Deutschland ist eine europäische Kulturnation, geprägt von den Werten der Aufklärung, von Freiheit und Humanität. Kunst und Kultur formen nicht nur die Identität des Einzelnen, sondern auch die unserer ganzen Nation. Wir wollen das reiche kulturelle Erbe unseres Landes bewahren, das geprägt ist durch die Vielfalt seiner Bürgerinnen und Bürger, Länder und Regionen sowie seiner lebendigen Kunst- und Kulturszene.
Zugleich ist unser Land geprägt vom Zusammenleben verschiedener Kulturen, von unterschiedlichen Lebenswelten, Werten und Traditionen. Unsere Gesellschaft ändert sich stetig, und sie wird sich auch in Zukunft weiter verändern. Allein im vergangenen Jahr sind hunderttausende Menschen nach Deutschland gekommen, um Krieg,

Zerstörung, Verfolgung, Folter und Diskriminierung in ihren Heimatländern zu entfliehen. Neben den Schutzsuchenden kommen auch hunderttausende von Menschen aus aller Welt in unser Land, um hier zu arbeiten, eine Ausbildung oder ein Studium zu absolvieren, Forschung zu betreiben oder um in den Wirtschaftsstandort zu investieren."

Ich möchte einen Blick zurückwerfen, möchte wissen, warum mich Fragen der Humanität und Gerechtigkeit so sehr beschäftigen, möchte meine Erinnerungsfetzen nutzen, um meine politische Motivation zu beschreiben, unvollständig und individuell.

Delbrück, 1986

Wir waren alle so um die 20 Jahre alt, engagiert in der katholischen Jugendbewegung, politisch geprägt durch die gesellschaftliche Debatte um Frieden, Ökologie, NATO-Doppelbeschluss und Tschernobyl. Diese Ereignisse waren gleichzeitig auch Synonyme für eine verfehlte internationale Politik. Der Kalte Krieg war vorbei, aber die beiden Weltmächte bestimmten die Konflikte und die wirtschaftliche Macht. Im Osten sah man die Morgenröte.

Im damaligen Dritte-Welt-Laden setzten wir uns mit der Frage auseinander, warum Armut und ungerechte Verteilung etwas mit uns tu tun haben. Uns wurde klar: Die Möglichkeiten, den lateinamerikanischen Kaffeebauern einen gerechten Lohn zu bezahlen, ist nur gegeben, wenn man selbst die Handelskette bestimmt und vor Ort vertrauensvolle Partner hat. So verkauften wir insbesondere fair gehandelten Kaffee und Honig im kleinen Laden am Kirchplatz in Delbrück. Später kam auch noch Schokolade dazu. Durch unser Handeln wollten wir den Menschen und ihren Familien die Chance geben, von ihrer Arbeit zu leben.

Heutzutage finden sich fair gehandelte Produkte immerhin in den meisten Regalen der Supermärkte. Wir als Verbraucher haben die Wahl, ob wir gerecht und guten Gewissens konsumieren wollen. Glücklicherweise sind wir heute weiter in der Frage der sogenannten Entwicklungspolitik. Und trotzdem müssen wir uns doch die Frage stellen, ob wir wirklich eine adäquate Antwort auf Fluchtursachen und Krisenbewältigung in dieser Welt haben. Dabei haben sich die Koordinaten erheblich verändert.

Die Bekämpfung der Armut und der wiederkehrenden Hungersnöte bestimmten die politische Debatte in den siebziger und achtziger Jahren. Trotz des Bevölkerungswachstums ist die Welt heute in der Lage, mehr Menschen als jemals zuvor zu ernähren. Die Zahl der Hungernden ist in den letzten Jahren erheblich zurückgegangen. Dennoch bleiben Hunger und Armut nach wie vor essenzielle Fragen, die etwas mit wirtschaftlicher Macht und hegemonialer Politik zu tun haben. Was setzen wir hier in Deutschland dagegen?

Hunger und Elend sind aber nicht mehr das einzige, was den Menschen Qualen bereitet. Es ist die Perspektivlosigkeit. Welche Zukunft haben Menschen, die wissen, dass ihnen die Chance auf ein glückliches Leben aufgrund der Machtverhältnisse in ihren Herkunftsländern, aber auch in der Welt, von vornherein genommen wird? Es ist nicht mehr zu verstehen, dass allein der Geburtsort darüber entscheidet, ob man ein sicheres Leben in Frieden und Selbstentfaltung leben kann oder neben dem Hunger als tagtägliche Erfahrung die Angst vor Todesschwadronen und Glaubenskriegern bewältigen muss.

Können wir erwarten, dass sich die Menschen damit abfinden, dass Bildung ein Vorrecht der Reichen und der Herrschenden ist? Können wir wollen, dass sich die Menschen mit dieser Perspektivlosigkeit abfinden? Dass sie für sich selbst und für Kinder kein besseres Leben wollen?

„Eine wesentliche Grundlage der heute in Deutschland gelebten Kultur ist das Grundgesetz, das die Unantastbarkeit der Würde des Menschen garantiert. Die aufnehmende Gesellschaft gibt einen durch Werte und Regeln kulturell geprägten Rahmen vor, der Orientierung für diejenigen bietet, die hier leben wollen. Erwartungen und Anforderungen sowie Möglichkeiten und Perspektiven müssen klar formuliert sein. Im Rahmen unserer freiheitlich-demokratischen Grundordnung entwickelt sich unsere Gesellschaft stetig weiter und ist offen für andere kulturelle Einflüsse. Unser Land steht auch für eine Kultur der Anerkennung, die unterschiedliche Lebensformen, Werte, Religionen und Weltanschauungen als Bereicherung sieht, den kulturellen Beitrag jedes und jeder Einzelnen für unsere Gesellschaft ernst nimmt und ihm oder ihr die Chance bietet, sich einzubringen. Das ist das Gegenteil von einer Kultur der Abgrenzung und Intoleranz, wie sie von rechtspopulistischen Strömungen gegenwärtig propagiert wird."

Die siebziger Jahre
Meine ersten Erfahrungen mit dem Fremden und Unbekannten sind kindlicher Natur. Ich bin in einer durch und durch katholischen Region aufgewachsen. Mein gelernter Glaube prägte mich früh. Nach der katholischen Grundschule lernte ich in der weiterführenden Schule evangelische Kinder kennen – „Andersgläubige". Wer erklärt mir, dass sie an den gleichen Gott glauben?

126

Neben den evangelischen Kindern gab es aber auch Klassenkameraden mit ganz anders klingenden Namen. Woher kamen sie? Warum haben sie ihre Heimat verlassen? Ein Bild ging damals – vor 52 Jahren – um die Welt: Die Bundesrepublik empfing ihren millionsten Arbeitsmigranten. Einen Portugiesen, der als Willkommensgeschenk ein nagelneues Moped erhielt. Das Bild prägt sich auch mir als Kind ein: Der Gastarbeiter auf dem Moped. Ich denke noch heute oft daran.

Als kleiner 8-Jähriger stellt man sein Umfeld in Frage: Warum werden Straßen nach Städten benannt, die nicht in der Bundesrepublik liegen? Breslau, Königsberg, Danzig – das sind Orte, die nicht in Deutschland liegen, sondern zu einem anderen Land gehören und dort auch anders geschrieben werden. Diese kindlich-naive Fragen finden Antworten durch die Erwachsenen, die von Vertreibung und Flucht, von Kriegserfahrungen erzählen, meistens zurückhaltend und verschämt. Man erfährt, dass Kriege Menschen entwurzelt, Zwang und Terror, Krieg und Gewalt Menschen heimatlos macht. dass nach dem Weltkrieg Millionen Flüchtlinge eine neue Heimat finden mussten und gefunden haben.

„Kultur kann einen wichtigen Beitrag zur Integration von Migrantinnen und Migranten und Flüchtlingen in unsere Gesellschaft leisten. Das zeigt sich schon daran, dass Menschen mit Migrationshintergrund ihre gegenwärtige Lebenssituation in Deutschland vor allem dann als positiv empfinden, wenn sie auch in das kulturelle Geschehen vor Ort eingebunden sind. Denn Teil einer Gesellschaft zu sein, bedeutet auch, an ihrer Geschichte, ihren Traditionen und Erfahrungen, ihren Formen und Normen des Zusammenlebens sowie ihrem kulturellen Leben teilzuhaben.

Das gilt für jeden Deutschen und jede Deutsche sowie für Zugewanderte oder Zuwandernde."

September 2016

Ich sitze mit Martin Kolek, meinem alten Freund aus Kindheitstagen, bei ihm zuhause im Garten. Wir diskutieren über die Ereignisse in Libyen, über die Bootsflüchtlinge des Mittelmeeres, über die Frage der europäischen Grenzsicherung. Worin liegt die Verantwortung Europas an dieser humanitären Katastrophe? Was haben eine Million Flüchtlinge aus diesem Land gemacht, in dem wir aufgewachsen sind? Warum haben wir wieder Angst davor, dass rechte Spinner politische Macht erlangen? Woher kommt die Angst vor dem Fremden? Was passiert gerade in unserem Land, wo die Erfahrungen des Jahres 2015 mit dazu beigetragen haben, dass eine rechtspopulistische politische Kraft in den bundesweiten Umfragen bei 12 Prozent und mehr liegt? Wo kommen auf einmal dieser Hass und diese Wut her, die sich vielerorts breit machen? Und vor allem: Was können wir dem entgegensetzen?

Ich setze mich in diesem Beitrag besonders mit der Rolle der Kultur auseinander. Soziale, globale, ökonomische und ökologische Fragen sollen andere in ihren Beiträgen aufgreifen. Diese Zusammenhänge sind aber nicht nur wichtig, um die persönliche Erfahrung des Autors zu verstehen, sondern auch für die Herleitung der kulturellen Dimension.

„Kultur baut Brücken" – hinter diesem eingängigen Titel steckt die Überzeugung, dass kultureller Austausch dazu beitragen kann, Vorurteile abzubauen und ein besseres Verständnis für einander zu entwickeln. Diese Annahme basiert auf der „Kontakthypothese" von Gordon Allport, der zufolge direkter persönlicher Kontakt zwischen Mitgliedern verschiedener

Gruppen zu einer Reduktion von Vorurteilen und zu einer Verbesserung der Beziehungen zwischen den Gruppen führen kann.

Forscher der Universität Marburg haben in ihren Untersuchungen kürzlich bestätigt, dass diese nunmehr 60 Jahre alte Annahme noch immer nichts von ihrer Aktualität verloren hat.

Fremdenfeindlichkeit und xenophobe Einstellungen sind gerade dort verbreitet, wo wenige Ausländerinnen und Ausländer wohnen. Die diffuse Angst vor dem „Fremden" kann durch persönlichen Kontakt zwischen Menschen unterschiedlicher Herkunft und unterschiedlichen kulturellen Hintergrundes abgebaut werden.

Auch die Kulturpolitik muss auf diesen gesellschaftlichen Wandel reagieren und Impulse geben. Kultur beherbergt ein großes integratives Potenzial. Gerade in Umbruchzeiten vermag Kultur Orientierung zu geben und Identität zu stiften. Kulturelles Miteinander kann integrieren und die Gemeinschaft festigen. Oder in den Worten der Kulturpolitischen Gesellschaft: „Kultur schafft Willkommensräume". Das muss Ziel unserer Kulturpolitik sein.

Studien bestätigen, dass Migrantinnen und Migranten ihre gegenwärtige Lebenssituation in Deutschland vor allem dann als positiv empfinden, wenn sie in das kulturelle Geschehen vor Ort eingebunden sind.

Wenn die Grundbedürfnisse „satt, sicher und warm" gestillt sind, fängt die eigentliche Integrationsarbeit an. Denn Integration beginnt im Alltag und im tagtäglichen Zusammenleben. Geflüchtete junge Menschen haben – gerade wenn ihre Asylverfahren noch in der Bearbeitung sind – nur wenige Möglichkeiten unser Land, ihre Kultur und

Sprache kennenzulernen. Kulturelle und künstlerische Angebote können da Abhilfe schaffen.

Kulturelle Teilhabe ist eine Voraussetzung für gesellschaftliche Integration. Kultureller Austausch bietet ein großes Potenzial, um mit den Menschen, die unser Land kommen, ins Gespräch zu kommen. Uns für ihre und sie für unsere Kultur zu öffnen. Auf diese Weise fördert kulturelle Teilhabe die Integration auf beiden Seiten: Bei den Menschen, die in unser Land kommen und bei der aufnehmenden Gesellschaft. Ob Musik, Theater, Poesie, Malerei, Film oder Tanz – Kunst kann Sprachbarrieren aufbrechen. Sie gibt den Menschen die Möglichkeit, sich ausdrücken und ist gleichzeitig ein wichtiger Ort der Begegnung.

Mein Verständnis und das Verständnis meiner Partei von Integration lässt sich auf die ursprüngliche Bedeutung des Wortes „integrare" zurückführen. „Integrare" bedeutet im Lateinischen „erneuern, ergänzen, geistig auffrischen". Auf diese ursprüngliche Bedeutung sollten wir uns auch im gesellschaftlichen Diskurs wieder zurückbesinnen. Diejenigen Menschen, die in unser Land kommen, bringen etwas mit. Mit ihren Fähigkeiten und Begabungen, aber auch Eigenheiten und kulturellen Prägungen können sie unsere Gesellschaft „erneuern, ergänzen, geistig auffrischen".

„Integration" meint darum nicht eine einseitige Assimilation der zugewanderten Menschen. Der Wille zur Integration muss nicht nur bei den Zuwanderern vorhanden sein, sondern auch bei der Aufnahmegesellschaft. Auch wir müssen uns auf die Menschen, die in unser Land kommen, einstellen. Die Offenheit und Aufnahmebereitschaft, die wir von ihnen - zurecht - für unsere Werte, Normen und Regeln erwarten, müssen wir auch ihnen entgegenbringen.

Multikulturalismus ist keine Ideologie, sondern gelebte Realität in Deutschland. Unser Land ist geprägt vom Zusammenleben verschiedener Kulturen, von unterschiedlichen Lebenswelten, Werten und Traditionen. Unsere Gesellschaft entwickelt sich stetig weiter und wurde seit jeher durch viele kulturelle Einflüsse geprägt. Kultur ist kein starres, in sich geschlossenes, Konzept. Kultur wird von Menschen gemacht. Deshalb ist sie auch einem ständigen Wandel unterzogen.

Eine Politik, die eine sogenannte Leitkultur propagiert, hierarchisiert, grenzt Kulturen aus und versteht Integration als Annahme der dominanten Kultur bei gleichzeitiger Aufgabe der Herkunftskultur. Das entspricht nicht dem sozialdemokratischen Verständnis von Kultur. Wir verstehen Kultur nicht als Mittel der Abgrenzung, sondern als Mittel der Inklusion. Kulturen konstituieren sich in einem Prozess der Überlagerung, Vermischung und Verschmelzung verschiedener kultureller Einflüsse. Im Rahmen permanenter kultureller Austauschprozesse verwischen die Grenzen zwischen Eigen- und Fremdkultur. Indem wir kulturelle Unterschiede verstehen, andere kulturelle Ausdrucksweisen kennen und Respekt vor anderen Kulturen haben, wird aus dem Fremden das vertraute Andere.

Unser beeindruckendes kulturelles Erbe hat sich überhaupt erst durch Heterogenität und Verschiedenheit entwickelt. Dieses kulturelle Erbe verpflichtet uns auch zu Humanität. Einer Humanität, die im letzten Jahr von vielen Ehren- und Hauptamtlichen auch im kulturellen Sektor in unserem Land mit Leben erfüllt wurde. Ich halte es für ganz entscheidend, mit welcher Wahrnehmung wir an die gesellschaftlichen Herausforderungen herangehen. Es macht einen großen Unterschied, ob wir diejenigen Menschen, die in unser Land kommen vornehmlich als Belastung und Bedrohung wahrnehmen oder ob wir die damit verbundenen Chancen und Potenziale erkennen. Denn davon hängt es ab, ob wir uns auf ein Krisenmanagement beschränken oder ob wir die gesellschaftliche Integration aktiv gestalten.

Deshalb habe ich mich als zuständiger Berichterstatter für das Zustandekommen des Antrages „Kultur baut Brücken" eingesetzt. Zugleich liegt hier auch der Schlüssel zur sozialdemokratischen Kulturpolitik. Wie sagte es einst ein bekannter Sozialdemokrat: „Der beste Weg, die Zukunft vorauszusagen, ist, sie zu gestalten."

Willy Brandt, einst selbst Flüchtling, wurde vor 45 Jahren für seinen Einsatz für Versöhnung und die europäische Einigung mit dem Friedensnobelpreis ausgezeichnet. Brandt verstand gesellschaftliche Integration als aktiv zu gestaltenden Prozess. Sein Ziel war es, die Menschen zu einen und nicht zu spalten. Dieser Grundsatz ist Teil der sozialdemokratischen Identität. Eine Tradition, die wir als Sozialdemokraten weiter aufrechterhalten wollen.

Burkhard Blienert, geboren 1966, aufgewachsen in Delbrück/ Westfalen, mit dem Herausgeber Martin Kolek zusammen Messdiener in Delbrück gewesen, seit 2013 Mitglied des Deutschen Bundestags, hier Mitglied im Ausschuss für Kultur und Medien sowie im Haushaltsausschuss. SPD-Mtglied.
Burkhard.Blienert@bundestag.de

Olaf Bernau

Wie ihre Freiheit mit unserer verbunden ist

Olaf Bernau (1969) lebt in der Stadtkommune Alla Hopp in Bremen und arbeitet Teilzeit in einer gewerkschaftlichen Antidiskriminierungsstelle. Er ist bei NoLager Bremen und im transnationalen Netzwerk Afrique-Europe-Interact aktiv.

Stichworte zur Vor- und Nachgeschichte des langen Sommers der Migration

Am 26.11.2016 hat in Bochum im Kulturzentrum Bahnhof Langendreer eine Tagung unter dem Titel "Zwischen Aufrüstung und Border Struggles - Alternativen zum Europäischen Grenzregime" stattgefunden. Der hier abgedruckte Text ist die verschriftlichte und zugleich komprimierte Version meines einstündigen Einleitungsvortrags zu dieser Tagung. Inhaltlich werde ich die Vor- und Nachgeschichte des in jedweder Hinsicht spektakulären Sommers der Migration im Jahr 2015 stichwortartig rekonstruieren. Zudem soll dies mit weiteren grundlegenden Überlegungen verknüpft werden, unter anderem zu praktischen Interventions- und Widerstandsperspektiven.[3]

Schön guten Tag, herzlich willkommen auch von meiner Seite, und vor allem vielen Dank an die Organisator_innen für die freundliche Einladung, zum Auftakt dieser Tagung sprechen zu dürfen! Bevor ich ins Thema einsteige, möchte

---

3   Auch wenn der Duktus der mündlichen Rede beibehalten wurde, enthält der Text zahlreiche Verweise auf Artikel, Webseiten und Filme, die der weitergehenden Beschäftigung mit den jeweils angesprochen Themen und Fragen dienen mögen.

ich den Blickwinkel etwas genauer skizzieren, der meinen Überlegungen maßgeblich zugrunde liegt. Denn ich rede nicht als Wissenschaftler, Journalist oder ähnlich ausgewiesener Experte, sondern als Vertreter des transnationalen Netzwerks Afrique-Europe-Interact. Und diese doppelte Anbindung an zwei Kontinente ist wichtig, nicht nur wenn es darum geht, die unterschiedlichen afrikanischen und europäischen Perspektiven zusammenzubringen, sondern auch hinsichtlich der grundsätzlichen Frage, wie der aktuelle status quo langfristig überwunden werden könnte.

Transnationale Organisierungsprozesse
Afrique-Europe-Interact ist ein transnationales, ausschließlich ehrenamtlich arbeitendes Netzwerk, an dem Basisaktivist_innen vor allem in Mali, Togo, Burkina Faso, Guinea, Tunesien, Marokko, Deutschland, Österreich und den Niederlanden beteiligt sind – unter ihnen zahlreiche selbstorganisierte Geflüchtete, Migrant_innen und Abgeschobene. Programmatisch verfolgt Afrique-Europe-Interact insbesondere zwei Zielsetzungen: Einerseits unterstützen wir Geflüchtete und Migrant_innen in ihren Kämpfen um Bewegungsfreiheit und gleiche Rechte – ob in den Ländern des Maghreb, auf dem Mittelmeer oder innerhalb der Festung Europa. Andererseits sind wir an sozialen Auseinandersetzungen um gerechte bzw. selbstbestimmte Entwicklung beteiligt. Denn das Recht auf globale Bewegungs- und Niederlassungsfreiheit ist in unseren Augen nur die eine Seite der Medaille. Nicht minder wichtig ist das Recht zu bleiben, also die Möglichkeit, zu Hause bzw. im Herkunftsland ein Leben unter sicheren, würdigen und selbstbestimmten Bedingungen führen zu können.

Entstanden ist Afrique-Europe-Interact Ende 2009 auf Initiative malischer Gruppen, was im Lichte von Sklaverei, Kolonialismus und neokolonialen Dominanz- und Ausbeutungsverhältnissen mehr als eine bloße Fußnote in der Geschichte unseres Netzwerks sein dürfte. Praktischer Aufhänger war eine dreiwöchige "Buskarawane für Bewegungsfreiheit und gerechte Entwicklung", die Anfang 2011 von der malischen Hauptstadt Bamako zum 11. Weltsozialforum in Dakar im Senegal stattgefunden hat: Rund 250 Aktivist_innen, darunter 50 aus Europa, waren beteiligt – einschließlich zahlreicher Aktionen und Versammlungen mit der lokalen Bevölkerung entlang der Strecke. Wie gesagt, das war lediglich die Geburtsstunde, seitdem hat sich die Aktivitätspalette von Afrique-Europe-Interact in geographischer und inhaltlicher Hinsicht enorm aufgefächert: In Mali, Togo und Tunesien arbeiten wir mit Abgeschobenen sowie den Familien verstorbener und vermisster Migrant_innen zusammen. In Rabat, der Hauptstadt Marokkos, hat Afrique-Europe-Interact ein Rasthaus für Frauen und ihre Kinder aufgebaut, vor allem für solche, die gerade die Wüstendurchquerung hinter sich gebracht haben. Des Weiteren gehört unser Netzwerk zu den Gründern des Watch The Med Alarm Phone, einer Notruf-Nummer für Geflüchtete und Migrant_innen in Seenot.[4] Und Afrique-Europe-Interact auch hat seit November 2015 in mehreren afrikanischen und europäischen Ländern zahlreiche Aktionen gegen den Valletta-Prozess durchgeführt.

---

4   Die wichtigsten Informationen Alarm Phone finden sich auch auf der Webseite von Afrique-Europe-Interact, inklusive Links zu den verschiedenen Webseiten und Facebook-Accounts des Alarm Phones selbst.

Auf der anderen Seite unterstützen wir – Stichwort: für das Recht zu bleiben – mehrere von Landgrabbing betroffene Dörfer in Mali bei ihrem Kampf zur Rückerlangung ihres Landes. Flankierend hierzu hat sich – ebenfalls in Mali – die bäuerliche Basisgewerkschaft COPON mit mehreren hundert Mitgliedern gegründet, sie ist heute die größte Mitgliedsgruppe von Afrique-Europe-Interact. Ähnlich und doch völlig anders sind unsere Aktivitäten in Guinea: Dort hat das panafrikanische, bereits an der Bamako-Dakar-Karawane beteiligte Künstler_innenkollektiv Fasokele im April 2016 begonnen, ein ökologisches Künstler_innendorf aufzubauen – inklusive landwirtschaflicher Selbstversorgung.

Es würde zu weit führen, all dies und weitere Beispiele im Detail auszuführen.[5] Stattdessen sei noch ausdrücklich auf jene Grundüberzeugungen hingewiesen, die das eigentliche Gravitationszentrum von Afrique-Europe-Interact ausmachen und somit auch erste Orientierungspunkte hinsichtlich der Interventionsfrage darstellen dürften: Danach lässt sich an den eben schon erwähnten neokolonialen Dominanz- und Ausbeutungsverhältnissen nur etwas ändern, wenn soziale Basisbewegungen bzw. zivilgesellschaftliche Akteure aus Afrika und Europa im großen Stil gleichberechtigt, verbindlich und direkt zusammenarbeiten. Dies erfordert freilich, dass die unterschiedlichen Ausgangsvoraussetzungen, Interessen

---

5   Informationen zu sämtlichen der hier angesprochenen Aktivitäten von Afrique-Europe-Interact befinden sich auf unserer Webseite: www.afrique-europe-interact.net. In diesem Kontext möchten wir auch ausdrücklich auf den von Afrique-Europe-Interact produzierten Dokumentarfilm "Revolution mit bloßen Händen" zum Transformationsprozess in Burkina Faso nach dem Sturz des langjährigen Diktators Blaise Compaoré im Oktober 2014 aufmerksam machen. Der Film enthält auch Hinweise zu den Aktivitäten unseres Netzwerks in Burkina Faso.

und Selbstverständnisse sorgfältig berücksichtigt werden. Insofern spielen für Afrique-Europe-Interact drei Aspekte in der alltäglichen Kooperation eine zentrale Rolle:

- Erstens die von Neugier, Respekt und Toleranz geprägte Suche nach gemeinsamen Vorgehensweisen – allen mehr oder weniger grundlegenden Differenzen zum Trotz.
- Zweitens die kritische Auseinandersetzung mit Dominanz, Paternalismus und rassistischen bzw. eurozentristischen Vorurteilen.
- Und drittens das Bemühen, zumindest punktuell das extreme ökonomische Nord-Süd Gefälle auszugleichen – sei es durch persönliche Unterstützungen, etwa im Krankheitsfall, oder darüber, dass politische Aktivitäten in Afrika fast ausschließlich durch Fundraising seitens der europäischen Sektion von Afrique-Europe-Interact finanziert werden.[6]

Als grober Überblick möge das genügen, vieles dürfte im weiteren Verlauf noch deutlicher werden, doch zunächst zur Sache selbst.

Der Titel meines Vortrags lautet "Vom Sommer der Migration zur Verschärfung des EU-Grenz- und Abschieberegimes". Im Großen und Ganzen umfasst das – wie gleich noch deutlich werden wird – die beiden Jahre 2015 und 2016, allerdings

---

6   Zum Weiterlesen: Olaf Bernau 2014: Fragile Balanceakte. Warum afrikanisch-europäische Kooperation auf Augenhöhe gar nicht so einfach ist. In: **LuXemburg, Heft 1/2014.** Online: http://www.zeitschrift-luxemburg.de/fragile-balanceakte/; Olaf Bernau 2015: Im Schnittfeld von Land und Stadt. Werkstattbericht zur Solidaritätsarbeit mit bäuerlichen Bewegungen in Mali. In: ak - analyse & kritik - zeitung für linke Debatte und Praxis / Nr. 604 / 21.4.2015. Online: http://afrique-europe-interact.net/1353-0-Werkstattbericht-Office-du-Niger.html

werde ich auch die bis in die 1960er Jahre zurückreichende Vorgeschichte des Sommers der Migration skizzieren, verstanden als eine Abfolge immer neuer Auseinandersetzungszyklen zwischen Geflüchteten und Migrant_innen einerseits und dem EU-Migrationsregime andererseits. Zudem sollen im letzten Teil des Vortrags weitere Zusammenhänge näher beleuchtet werden, insbesondere die Frage, inwiefern die dramatische Situation an den Außengrenzen stets mit den strukturellen Hintergründen von Flucht und Migration kurzgeschlossen werden sollte – gleichsam als Voraussetzung dafür, dass das von selbstorganisierten Geflüchteten, Menschenrechtsorganisationen und antirassistischen Akteuren propagierte Recht auf Bewegungsfreiheit im politischen Raum tatsächlich Überzeugungskraft entfalten kann.

EU-Grenzregime in der Defensive
Spätestens als sich am 4. September 2015 mehrere tausend Menschen vom Budapester Hauptbahnhof zu Fuß auf den Weg Richtung Österreich gemacht haben, dämmerte es der europäischen Öffentlichkeit insgesamt: Es waren nicht Aktivist_innen, die sich in jenen Tagen anschickten, das Europäische Grenzregime buchstäblich aus den Angeln zu heben – und vor allem war es nicht Angela Merkel höchst selbst, wie es CSU, AFD und Teile der LINKEN in einem obszön anmutenden links-rechts-Crossover bis heute unverdrossen behaupten. Ausschlaggebend war vielmehr die massenhafte Aneignung des grundlegenden Rechts auf Bewegungsfreiheit durch ganz normale Menschen – junge wie alte, Kinder, Frauen und Männer, gläubige und nicht gläubige, gesunde und solche, die im Rollstuhl saßen. Diese ebenso simple wie grundlegende Feststellung verweist darauf, dass es die Migrant_innen und Geflüchteten selbst

138

sind, die Deutschland, mithin Europa verändern – und das bereits seit langem.

So stand hierzulande noch zu Beginn der Kohl-Ära 1982 der Satz „Deutschland ist kein Einwanderungsland" im Koalitionsvertrag der Bundesregierung. „Migrationspolitik war Migrationsverhinderungspolitik", wie der Journalist Christian Jakob (2016) in seinem wunderbaren Buch „Die Bleibenden" bissig anmerkt.[7] Die Migrant_innen und Geflüchteten haben indessen nicht akzeptiert, dass Deutschland kein Einwanderungsland sein wollte. Vielmehr haben sie, so Jakob weiter, „dieses Dogma herausgefordert, den Zugang zu Deutschland freigekämpft und dabei die Gesellschaft verändert" – erkennbar an Städten wie Düsseldorf, Nürnberg oder Frankfurt, wo 35 bis 45 Prozent der Wohnbevölkerung Menschen mit Migrationsbezügen sind.

Zugespitzter formuliert: Das von mir in dürren Worten angedeutete Verständnis von Migration und Flucht beruht auf der Überlegung, dass der Begriff der sozialen Bewegung nicht sozialwissenschaftlich verkürzt, sondern um die Dimension alltäglicher, oft still vonstattengehender Widerständigkeiten ergänzt werden sollte. Es gilt also, auch die hartnäckigen Alltagskämpfe, ja Überlebensstrategien von Geflüchteten und Migrant_innen als Widerstandsakte zu begreifen, das heißt als hochgradig effektive Versuche, die Grenzen der Staatsbürgerschaft aufzubrechen, neue transnationale Räume der Freiheit und Gleichheit zu erschließen und das Recht auf Mobilität einzufordern beziehungsweise in Anspruch zu nehmen.

---

7   Christian Jakob 2016: Die Bleibenden. Wie Flüchtlinge Deutschland seit 20 Jahren verändern. Ch. Links Verlag, Berlin

Vom Valletta-Gipfel zum EU-Türkei-Pakt

Zurück zum Sommer der Migration: Nicht nur in Budapest und in der Ägäis, auch im Zentralen Mittelmeer zwischen Libyen und Italien sowie in Marokko an den Zäunen der spanischen Enklaven Ceuta und Melilla wurde im Jahr 2015 das europäische Grenzregime in nie dagewesener Weise massenhaft in Frage gestellt. Entsprechend brutal fallen bis heute die Reaktionen der EU-Regierungen aus, natürlich auch angetrieben vom europaweiten Erstarken rechtspopulistischer Bewegungen und Parteien. Begonnen hat es bereits beim Valletta-Gipfel im November 2015. Damals sind in Maltas Hauptstadt 35 afrikanische und 28 europäische Staats- und Regierungschefs zusammengekommen, um über Maßnahmen gegen die so genannte irreguläre Migration zu beraten.[8] Mit der Konsequenz, dass sich Valletta als Startschuss für zahlreiche afrikanisch-europäische Abkommen zum Ausbau des EU-Grenz- und Abschieberegimes entpuppt hat. Um das zu flankieren, hat die europäische Kommission außerdem im Juni 2016 bekanntgegeben, dass zukünftig mit einem "Mix aus positiven und negativen Anreizen" vorgegangen werden solle, um "die Anstrengungen der Länder zu honorieren, die bereit sind, bei der Migrationskontrolle wirksam mit der EU zusammenzuarbeiten, und um Konsequenzen für jene sicherzustellen, die dies verweigern." Was das konkret bedeutet, ist hierzulande vor allem am Beispiel Ostafrikas skandalisiert worden. Denn dort schreckt die EU beim Ausbau

---

8   Auf der Webseite von Afrique-Europe-Interact sind in der Rubrik "Themen/Afrika & Migration" zahlreiche ältere und aktuelle Texte zum EU-Grenzregime dokumentiert, unter anderem zum Valletta-Gipfel (inklusive vereinzelter Videos). Vgl. zudem das taz-Recherche-Projekt zum Valletta-Gipfel, an dem Afrique-Europe-Interact als Kooperationspartner ebenfalls mitgewirkt hat: https://migration-control.taz.de

des Grenzregimes noch nicht einmal davor zurück, mit Ländern wie Sudan zusammenzuarbeiten, dessen Präsident al-Baschir seit 2010 wegen Völkermord vom Internationalen Strafgerichtshof per Haftbefehl gesucht wird. Es folgte im März 2016 das zynische EU-Türkei-Abkommen, gleichzeitig wurden die griechischen Inseln und die Balkan-Route schrittweise zur Festung ausgebaut, sodass Aktivist_innen von Welcome To Europe mittlerweile davon ausgehen, dass so etwas wie der Sommer der Migration an der südöstlichen EU-Außengrenze nicht mehr möglich wäre. Darüber hinaus wurden in zahlreichen EU-Ländern massive Verschärfungen im Asyl- und Aufenthaltsrecht beschlossen – ergänzt von weiteren Maßnahmen auf EU-Ebene, beispielsweise der Neuauflage des Dublin-Systems, wonach Geflüchtete in demjenigen EU-Land ihr Asylverfahren durchlaufen müssen, das sie als erstes betreten haben.[9]

Angesichts dieser dramatischen Abläufe stellt sich nunmehr die Frage, ob all dies neue Entwicklungen sind oder lediglich neuer Wein in alten Schläuchen. Lässt man die verschiedenen Schauplätze Revue passieren, spricht vieles dafür, dass wir es, so meine These, mit einer sich ständig zuspitzenden Pendelbewegung zu tun haben: Auf der einen Seite stehen die bereits angesprochenen Aneignungsbewegungen der Geflüchteten und Migrant_innen selbst, auf der anderen Seite lässt die EU nichts unversucht, die Abschottung der europäischen Außengrenzen immer perfekter, brutaler und technologisch

---

9   Laufend aktuelle Meldungen und Hintergrundtexte zu den Themen Flucht und Migration sowie zum EU-Grenzregime finden sich des Weiteren auf den Webseiten der Forschungsstelle Flucht und Migration sowie bei Bordermonitoring: http://ffm-online.org/ und http://bordermonitoring.eu/

ausgefeilter zu gestalten. Dabei verbietet es sich von selbst, im Lichte tausender Opfer umstandslos von "Erfolgen" oder Ähnlichem zu sprechen. Und doch führt kein Weg an der ja durchaus hoffnungsstiftenden Einsicht vorbei, dass die EU-Spitzen – allen voran die deutsche Bundesregierung – so etwas wie den Sommer der Migration noch nicht einmal in ihren ärgsten Bedrohungszenarien auf dem Zettel hatten. Ein Eindruck, der sich im Übrigen auch aufdrängt, wenn man mit dem Wissen von heute kritische Artikel und Analysen aus den Jahren 2005 bis 2011 anguckt. Denn bereits damals hat es ganz ähnliche Maßnahmen, Instrumente, Zielsetzungen, Regierungsverhandlungen, Gipfel etc. etc. gegeben. Und dennoch konnte der Sommer der Migration nicht verhindert werden, weshalb es lohnt, an dieser Stelle nochmal einen Schritt weiter in der Geschichte zurückzugehen, allerdings mit Fokus auf Migrant_innen aus Westafrika, die naheliegenderweise im Zentrum der Aufmerksamkeit von Afrique-Europe-Interact stehen.

Rückblick: Zirkuläre Migration bis in die frühen 1990er Jahre

Lange gab es überhaupt keine Toten an den südlichen Außengrenzen der EU. Denn die meisten Migrant_innen aus westafrikanischen Ländern sind bis heute als Pendelmigrant_innen auf dem afrikanischen Kontinent selbst unterwegs, häufig angelehnt an die Rhythmen der Erntezeit. In diesem Zusammenhang haben auch viele bis in die jüngste Vergangenheit in Libyen, Algerien oder Marokko gearbeitet, wo es lange Zeit gute Verdienstmöglichkeiten gegeben hat. Dritte wiederum – insbesondere aus Mali und Senegal – sind bereits seit den 1950er Jahren im Zuge von Anwerbeabkommen ganz normal, das heißt ohne kompliziertes Visaverfahren nach Frankreich gegangen, unter anderem um in der dortigen Automobilindustrie zu

142

arbeiten, ganz ähnlich wie die sogenannten Gastarbeiter_innen in Deutschland.[10] Insofern dürfte es nicht weiter verwunderlich stimmen, dass an den Stadtgrenzen von Ceuta und Melilla – also dort, wo sich heute riesige Befestigungsanlagen befinden – bis 1991 lediglich ein einfacher Grenzstein zu sehen war, ganz davon abgesehen, dass Marokkaner_innen damals noch visafrei nach Spanien einreisen konnten.

Anders formuliert: Die Zahl der Toten ist an den südlichen Außengrenzen der EU erst seit Ende der 1990er Jahre deutlich angestiegen, und das, obwohl sich die Einwanderungsgesetze unter anderem in Frankreich bereits seit den 1970er Jahren schrittweise verschärft hatten. Mit aller Wucht ist das erstmalig im Jahr 2005 ins Bewusstsein nicht nur der europäischen sondern auch der afrikanischen Öffentlichkeit gedrungen. Und dies insbesondere durch zwei Ereignisse: Zum einen wurden im Oktober 2005 an den Zäunen von Ceuta und Melilla mindestens 14 Migrant_innen erschossen, zudem ist es in den Tagen danach zur Massenabschiebung von rund 1.000 Migrant_innen in die Wüste nach Algerien gekommen. Zum anderen sind im gesamten Jahr 2005 knapp 7.000 tote Migrant_innen vor den Kanarischen Inseln geborgen worden – und das dürfte nur ein Bruchteil derer gewesen sein, die die gefährliche Überfahrt über den Atlantik gewagt hatten, in aller Regel von Senegal, Mauretanien oder der Westsahara aus.

---

10 Vgl. hierzu: Charlotte Wiedemann 2008: Das Dorf ihrer Träume. Kabaté, ein Weiler im Westen Malis, lebt von seinen Migranten. Eine Erfolgsgeschichte - mit absehbarem Ende. In: publik (verdi), 12/2008. Online:
http://www.charlottewiedemann.de/assets/files/Mali%20Kabate_Publik_3%20%2009%2008.pdf

Während jene Ereignisse in Westafrika zur Gründung zahlreicher migrationspolitischer Organisationen geführt hat – nicht zuletzt solcher, die Abgeschobene in Empfang nehmen und praktisch unterstützen, hat die EU ganz andere Schlüsse gezogen. Sie hat begonnen, insbesondere im Rahmen des von ihr im Juli 2006 initiierten Rabat-Prozesses, die Maghreb-Staaten noch stärker hochzurüsten und somit endgültig zu Türstehern des europäischen Grenzregimes zu degradieren, also auch in Kauf zu nehmen, dass die jahrhundertealten Beziehungen zwischen Subsahara-Afrika und Nordafrika ernsthaft Schaden nehmen. Denn indem Migrant_innen aus Subsahara-Afrika ständig durch Sicherheitskräfte in aller Öffentlichkeit verfolgt, entrechtet und misshandelt wurden bzw. werden, hat dies den Rassismus innerhalb der ganz normalen Bevölkerung teils zugespitzt, teils überhaupt erst hervorgerufen.[11]

Foto S.145: Olaf Bernau

---

11   Emmanuel Mbolela, der ebenfalls bei Afrique-Europe-Interact aktiv ist, hat die Situation in Marokko auf eindrückliche Weise in seinem mittlerweile in 8. Auflage vorliegenden Buch beschrieben: Emmanuel Mbolela 2014: Mein Weg vom Kongo nach Europa. Zwischen Widerstand, Flucht und Exil, Mandelbaum. Ebenfalls äußerst beeindruckend der mehrfach preisgekrönte Film "Land Between" von David Fedele zur Situation von Migrant_innen in Marokko: http://thelandbetweenfilm.com/ (frei zugänglich im Internet)

Vom Arabischen Frühling zur Rehabilitierung der Seenotrettung

Als weiterer Wendepunkt sollte sich sodann der Beginn des Arabischen Frühlings Anfang 2011 entpuppen: Während die Diktatur Ben Alis in Tunesien kollabierte, versank Libyen spätestens durch den von der NATO forcierten Sturz Muammar Gaddafis endgültig im Bürgerkrieg – beides mit der Konsequenz, dass nunmehr der Weg über das Meer nach Europa frei war, im Falle Libyens bis heute. Hinzu kam, dass hunderttausende Arbeitsmigrant_innen aus Subsahara-Afrika ihre Arbeit schlagartig in Libyen verloren hatten und daher viele von ihnen, die nicht in ihre Herkunftsländer zurückkehren konnten, ebenfalls nach Europa aufbrachen.[12]

---

12   Afrique-Europe-Interact hat sich mit der Lage von Migrant_innen aus Subsahara-Afrika im Zuge des libyschen Bürgerkriegs unter anderem im Rahmen seiner Solidaritätskampagne für das Flüchtlingslager Choucha an der libyisch-tunesischen Grenze intensiv

Auf jeden Fall hat dies – zusammen mit weiteren Krisen in Nigeria, Mali und mehreren ostafrikanischen Ländern – zu einem massiven Anstieg der Bootsüberfahrten vor allem im Zentralen Mittelmeer geführt und somit auch zu einem drastischen Anstieg der Todeszahlen in dieser Meeresregion.

Einmal mehr eskaliert diese Dynamik sodann am 3. Oktober 2013, als direkt vor der Insel Lampedusa ein völlig überfülltes Flüchtlingsboot kenterte und mindestens 360 Menschen in den Tod riss. Denn anders als sonst konnten die meisten Leichen geborgen werden, was wiederum nicht nur in Europa, sondern auch in Afrika eine beispiellose Welle der Empörung und Solidarität ausgelöst hat. Denn durch die in langen Reihen aufgestellten Särge wurde das tagtägliche Grauen fassbarer denn je. Vor allem in den Medien erfolgte ein grundlegender Stimmungsumschwung. Ohne Umschweife wurde jetzt darüber berichtet, dass der tausendfache Tod auf dem Meer unmittelbare Konsequenz der brutalen Abschottungspolitik an den EU-Außengrenzen ist. Auch in Italien war der Druck riesig, so dass sich die Regierung gezwungen sah, im Zentralen Mittelmeer die Marineoperation Mare Nostrum einzurichten und somit die EU-Grenzschutzagentur Frontex zeitweise zu ersetzen. Ihr ursprünglicher Auftrag lautete, Geflüchtete frühzeitig abzufangen und so die Abfahrten in Libyen merklich zu reduzieren. Doch das Ziel misslang aufgrund der völlig unübersichtlichen Lage in Libyen, so dass Mare Nostrum zunächst zögerlich, später aber aus voller Überzeugung der italienischen Regierung, zu einem staatlichen Seenotrettungsprogramm mutierte, das nicht nur binnen eines Jahres 130.000 Menschen aus Seenot rettete, sondern

---

auseinandergesetzt: vgl. unsere Webseite unter der Rubrik "Kampagnen/ Choucha schließen"

auch die Überlebenschancen von Bootsflüchtlingen extrem erhöhte. Konkreter: Während unter FRONTEX-Kommando ein Mensch von 16 Menschen auf dem Weg über das Zentrale Mittelmeer ums Leben gekommen ist, veränderte sich dieser Wert während des Mare Nostrum-Einsatzes auf 1:53. Doch damit nicht genug: Im Zuge von Mare Nostrum wurde auch die in den Jahren davor hochgradig kriminalisierte Seenotrettung durch Privatpersonen wieder rehabilitiert, also jener Imperativ, den das Seerecht ohnehin verbindlich vorschreibt. Konkreter: Noch im November 2009 sind zwei tunesische Fischer von einem Gericht im sizilianischen Agrigent zu zweieinhalb Jahren Haft und einer Geldstrafe von 440.000 Euro verurteilt worden, weil sie am 7. August 2007 vor der italienischen Küste 44 afrikanische Geflüchtete 30 Seemeilen vor Lampedusa aus einem sinkenden Gummiboot gerettet hatten. Demgegenüber sind heute rund ein Dutzend private Rettungsschiffe im Zentralen Mittelmeer aktiv – zusammen mit dem eingangs schon erwähnten Watch The Med Alarm Phone.

Womit ich wieder beim langen Sommer der Migration angelangt wäre. Denn dieser war nicht nur – wie es üblicherweise heißt – das Ergebnis der diversen Großtragödien in Syrien und anderswo. Vielmehr ist davon auszugehen, dass zwischen 2013 und 2016 im gesamten Mittelmeerraum deutlich weniger Menschen sicher in Europa angekommen wären, wäre es nicht durch tausendfache zivilgesellschaftliche Proteste in den letzten 10 bis 15 Jahren gelungen, den Aufbau einer vergleichsweise umfassenden Seenotrettungsinfrastruktur durchzusetzen und somit das EU-Grenzregime in seiner besonders brutalen und tödlichen FRONTEX-Variante zumindest punktuell zurückzudrängen. Dieser Umstand kann meines Erachtens in seiner ganzen Tragweite gar nicht hoch genug geschätzt werden. Vielmehr handelt es sich – gerade im Lichte des bis heute anhaltenden Massensterbens – um den größten und bedeutsamsten Erfolg, den Menschenrechtler_innen, selbstorganisierte Geflüchtete und Antirassist_innen im migrationspolitischen Bereich im letzten Jahrzehnt errungen haben. Und zwar zusammen mit all jenen Geflüchteten und Migrant_innen, die ihr Leben riskieren mussten, um ihr Recht auf ein sicheres und würdiges Leben durchzusetzen.

Praktische Solidaritätsperspektiven

Ich möchte zum letzten Abschnitt meines Vortrages kommen und somit auch zur alles entscheidenden Frage, welche Initiativen ergriffen oder intensiviert werden sollten, um die Rechte von Geflüchteten und Migrant_innen zukünftig noch effektiver verteidigen zu können – sei es auf den Flucht- und Migrationsrouten oder in Europa selbst. Vieles ist in den bisherigen Ausführungen bereits genannt worden oder zumindest angeklungen. Hierzu gehören nicht nur praktische Unterstützungsaktivitäten wie Info- und Notruftelefone, Rasthäuser, Webguides, Rechtsberatung oder alltägliche Solidaritätsinitiativen, sondern auch politische Kampagnen, Aufklärungs- und Vernetzungsarbeit.[13] Das dürfte unstrittig sein und muss an dieser Stelle wohl nicht eigens begründet werden. Weniger selbstverständlich ist allerdings, dass ein solches Herangehen langfristig nicht genügen dürfte, so unverzichtbar jede der entsprechenden Handlungen auch sein mag. Denn was in meinen Augen schmerzlich fehlt, ist eine angemessene Auseinandersetzung mit der politischen

---

13   Verwiesen sei an dieser Stelle insbesondere auf die beiden Webseiten des transnationalen Netzwerks Welcome To Europe, das entlang der gesamten Strecke von den griechischen Ägäis-Inseln bis nach Mittel- und Nordeuropa aktiv ist: http://infomobile.w2eu.net/ und http://w2eu.info/ (Webguide für Geflüchtete und Unterstützer_innen auf farsi, arabisch, französisch und englisch).

und sozialen Situation in den Herkunftsländern der Geflüchteten und Migrant_innen. Das aber ist fatal, insbesondere deshalb, weil auf diese Weise der politische Raum fahrlässig, ja kampflos all jenen überlassen wird, die zwar die Zahl der in Europa ankommenden Geflüchteten drastisch reduzieren, ansonsten aber an den grundlegenden Verhältnissen nichts verändern möchten. Konkret sollen vor allem drei Aspekte hervorgehoben werden, wobei ausdrücklich darauf hingewiesen sei, dass es an dieser Stelle lediglich darum gehen kann, die entsprechenden Fragen- und Themenstellungen als Platzhalter für weitere Debatten zu benennen – im Übrigen auch unter Verweis auf Erfahrungen, die wir als Afrique-Europe-Interact immer wieder machen.

Migration, Entwicklung und Zerstörung
Erstens müsste sich die Öffentlichkeit viel stärker mit dem Umstand auseinandersetzen, dass die Bekämpfung von Geflüchteten und Migrant_innen aus unterschiedlichen Gründen zu einer Destabilisierung in ihren Herkunftsländern führt. Beispielhaft erwähnt sei nur, dass internationale Organisationen wie die OECD oder die Weltbank bereits seit Jahren auf den Umstand hinweisen, dass Geldüberweisungen von Migrant_innen ein Vielfaches der staatlichen Entwicklungszusammenarbeit ausmachen. So haben im Jahr 2012 – auch das nur als Beispiel – Migrant_innen aus dem Senegal 1,4 Milliarden US-Dollar an ihre Familien geschickt, was 11,4 Prozent des Bruttoinlandprodukts ausmacht, und diese Summe steigt noch um 20 bis 40 Prozent, wenn die in bar nach Hause gebrachten Gelder miteingerechnet werden. Kurzum: Wenn diese Beträge wegbrechen, ist das nicht nur für die Armutsbekämpfung dramatisch – insbesondere was Ernährung, Gesundheitsversorgung und Schulbildung betrifft, wofür die Rücküberweisungen in aller Regel verwendet

werden. Vielmehr sind auch lokale Ökonomien negativ betroffen, schlicht deshalb, weil die lokale Gesamtnachfrage sinkt.[14]

Zweitens müsste hierzulande viel stärker auf den bereits erwähnten Umstand eingegangen werden, dass in Westafrika Migration überwiegend zirkulär verläuft, dass also die Leute gehen, um wiederzukommen. Es muss insofern als einer der paradoxesten Effekte europäischer Abschottungspolitik betrachtet werden, dass sie afrikanische Migrant_innen zwingt, in Europa auszuharren, anstatt realistische Möglichkeiten zu eröffnen, nach Afrika zurückzukehren. Denn hätten sie Papiere und halbwegs stabile Erwerbsmöglichkeiten, gäbe es ein ständiges Kommen und Gehen – so wie das bereits in den 1960er und 1970er Jahren zwischen Frankreich und zahlreichen west- und nordafrikanischen Ländern der Fall gewesen ist. Auf diesen in der europäischen Debatte viel zu häufig vernachlässigten Sachverhalt hat unter anderem Alassane Dicko von der malischen Sektion von Afrique-Europe-Interact immer wieder hingewiesen, zuletzt in einem Anfang 2016 veröffentlichten Interview: "Die zirkuläre Migration ist kein Konzept aus einer, sagen wir, westlichen Sprache. Sie ist auch mehr als ein Konzept, sie ist ein Paradigma, unser Paradigma – unser Beitrag zur Weiterentwicklung der Menschheit. Es ist ein menschliches Prinzip, die Energien zirkulieren zu lassen. Es

---

14   Afrique-Europe-Interact hat auf seiner Webseite unter der Rubrik "Themen / Afrika & Migration" zahlreiche Artikel und Studien zum Zusammenhang von Migration und Entwicklung dokumentiert. Besonders inspirierend: Charlotte Wiedemann 2010: Nützt Migration der Demokratie? Beobachtungen in Mali, im 50. Jahr der Unabhängigkeit. In: Blätter für deutsche und internationale Politik 9/2010.

geht um Migration, um Bewegung, um Geben und Nehmen. Das sollte Europa fördern, nicht blockieren."[15]

Drittens sollte die Unterstützung von Geflüchteten und Migrant_innen viel stärker mit der Thematisierung von Fluchtursachen Hand in Hand gehen. Denn es reicht nicht, einfach nur pauschal auf Kriege oder globale Dominanz- und Ausbeutungsverhältnisse zu verweisen und das als Begründung dafür heranzuziehen, dass die Leute halt nach Europa kommen müssten. Eine solche Haltung öffnet keine Köpfe, vielmehr ist sie für Populist_innen jeder Coleur ein gefundenes Fressen, die Forderung nach Bewegungsfreiheit als bloße Traumtänzerei abzukanzeln. Was Not tut, sind daher konkrete Analysen, Forderungen und Interventionen. Mehr noch: Der von selbstorganisierten Geflüchteten geprägte Slogan "Wir sind hier, weil ihr unsere Länder zerstört" muss auf konkrete Problembereiche wie IWF-Strukturanpassungsprogramme, EU-Agrarpolitik, Landgrabbing, neoliberale Handelspolitik, Ressourcenplünderung, Klimawandel etc. etc. runtergebrochen und ins Zentrum alltäglicher politischer Auseinandersetzungen gerückt werden.[16] Denn nur wenn auf überzeugende Weise an einem Abbau von Fluchtursachen gearbeitet oder zumindest in den öffentlichen Debatten

---

15   Alassane Dicko: "Es geht um Geben und Nehmen". Zirkuläre Migration als Entwicklungsmodell in Westafrika. Ein Gespräch mit Alassane Dicko, 2016. In: Südlink 175 - März 2016 (Inkota Dossier 17). Online auf der Webseite von Afrique-Europe-Interact unter der Rubrik "Themen / Afrika von unten /Allgemein"
16   Zum Slogan "Wir sind hier, weil ihr unsere Länder zerstört" vgl. stellvertretend den fulminanten Text von The Voice Refguee Forum 2009: Über koloniale Ungerechtigkeit und die Fortsetzung der Barbarei. Online abrufbar unter anderem auf der Webseite von Afrique-Europe-Interact unter der Rubrik "Rassismus in Europa / Grundsätzliches".

offensiv sichtbar gemacht wird, welche Schritte hierfür erforderlich wären, gewinnt die Programmatik einer offenen Einwanderungsgesellschaft an Kontur und somit auch politische Überzeugungskraft.[17]

Spätestens an dieser Stelle scheint es mir angebracht zu sein, einmal mehr auf die bereits zu Beginn meines Vortrags erfolgten Hinweise zurückzukommen, wonach die Arbeit in gemischt oder transnational zusammengesetzten Netzwerken und Organisationen für alle Beteiligten einen permanenten Kraft- bzw. Balanceakt darstellt – nicht zuletzt persönlich.[18] Denn im Zuge meiner Überlegungen dürfte deutlich geworden sein, jedenfalls hoffe ich das, wie alternativlos derartige Kooperationen sind – sei es hierzulande oder im Rahmen all derjenigen Bemühungen, Brücken in die Herkunftsländer von Geflüchteten und Migrant_innen zu schlagen. In diesem Sinne möchte ich meinen Vortrag mit einem berühmten Satz der australischen Murri-Aktivistin Lilla Watson beenden, der kurz und bündig die politische, praktische und ethische Herausforderung auf den Punkt bringt, um die es hierbei geht: „Wenn du gekommen

---

17   Auf der Webseite von Afrique-Europe-Interact finden sich unter der Rubrik "Themen / Neokolonialismus - Fokus Westafrika" zahlreiche Texte, Videos und Links. Vgl. in diesem Zusammenhang auch: Olaf Bernau 2010: Internationalistische Praxis nach dem Internationalismus. In: phase2 Ausgabe 37, September 2010. Online: http://www.phase-zwei.org/hefte/?heft=37.

18   Die Gruppe transact, an der unter anderem Aktivist_innen von Afrique-Europe-Interact, Welcome To Europe und Adopt a Revolution beteiligt sind, hat entsprechende Kooperationserfahrungen in transnationalen und transidentitären Netzwerken in einer 2014 erschienenen Broschüre aufbereitet: **Wie ist deine Freiheit mit meiner verbunden. Stichworte zu gemischter Organisierung, Definitionsmacht und Critical Whiteness.** Online: https://transact.noblogs.org/publikationen/

bist, um mir zu helfen, dann verschwendest du deine Zeit. Wenn du aber gekommen bist, weil deine Freiheit mit meiner verbunden ist, dann lass uns zusammenarbeiten."

Foto: Olaf Bernau, (2. v.r.)

Katja Kipping

Das Floß der Medusa

Die verdrängte Botschaft der Geflüchteten

Vor rund 200 Jahren, im Jahr 1819, wurde in Paris ein Gemälde des Malers Théodore Géricault ausgestellt. Die darauf erkennbare Darstellung von Schiffbrüchigen auf bewegter See wirkte wie ein Angriff auf die etablierte Gesellschaft. Und das, obwohl dieser Maler bisher eher durch romantische Darstellungen von Reitszenen, Landschaftsbildern und Porträts einfacher Leute aufgefallen und das Gemälde auf den ersten Blick frei von revolutionären Symbolen war Es zeigte schlichtweg Schiffbrüchige zwischen Verzweiflung und Hoffnung auf einem Floß im tosenden Meer, während am Horizont ein Schiff erscheint.

Und doch hatte die Sorge der Herrschenden einen Grund: *Medusa* war das Flaggschiff eines französischen Fregattenverbands. Als es auf dem Weg zum kolonialisierten Senegal auf Grund lief, sicherten sich der Kapitän, die höheren Offiziere und die einflussreichen Passagiere die wenigen Rettungsboote. Die übrigen Schiffbrüchigen mussten mit einem notdürftig zusammengezimmerten Floß auskommen. 15 Tage trieb dieses Floß auf dem Meer. In diesen Tagen und Nächten kam es zu Selbsttötungen, zu durch Hunger erzwungenem Kannibalismus und sogar zum Mord an Schwerverwundeten, um die letzten Weinreserven für die anderen aufzusparen. Nur wenige überlebten. Das Gemälde fängt den Moment ein, als die Überlebenden am Horizont ein Schiff entdecken und sich diesem entgegenstrecken.

Keiner der Schiffbrüchigen hatte es sich ausgesucht, auf diesem Floß zu landen. Sie trieb der Wunsch zu überleben an. Und doch ist der vom Maler Géricault geschilderte Augenblick, als die wenigen Überlebenden ein rettendes Schiff erblicken, mit solcher Verzweiflung geladen, dass die Vertreter der bourbonischen Restauration dieses Bild „als ersten Schritt zur Revolte gegen ihr Regime" deuteten, als ob dieses Gemälde ihnen ihre Schmach und Schuld vor Augen führen würde. Sie befürchteten, dass dieses Aufbäumen in Verzweiflung sich zum Aufruhr entwickeln könnte.

Mit der Darstellung und der Verdichtung in einen Moment drang das Leid der unterprivilegierten Passagiere der *Medusa* in die feine Welt der Pariser Salons ein und erinnerte an die Schuld der Eliten. Schließlich hatten die einflussreichen Passagiere der *Medusa* die sicheren Rettungsboote für sich in Beschlag genommen. Sie hatten zudem bei einem aufkommenden Sturm die zwei Seile, mit denen das Floß gezogen werden sollte, gekappt. Dabei war es im Gegensatz zu den Rettungsbooten nicht manövrierfähig und damit auf sie angewiesen. Allein das Thema des Gemäldes verwies auf den Zynismus und die Selbstsucht der Regierenden.

Die Parallelen

Hier zeigt sich eine Parallele zu den aktuellen Flüchtlingsbewegungen. Mit den Geflüchteten, die auf seeuntauglichen Booten das Mittelmeer überqueren, platzt die Systemfrage in unsere bis dato vermeintlich heile Welt des deutschen Biedermeiers. Sie führt uns unsere Mitverantwortung vor Augen. Jeder Mensch, der seinen Fuß in eines der schwankenden Boote setzt, hat seine individuellen und höchstpersönlichen Gründe: die Hoffnung auf Sicherheit oder auf ein besseres Leben. Doch jeder dieser Gründe ist auch eine politische Botschaft an Europa. Sie lautet: So wie wir wirtschaften und handeln, wie wir arbeiten, konsumieren und Politik machen – so kann es nicht weitergehen. Mit den Flüchtlingsbewegungen stellen sich die grundlegenden Gerechtigkeitsfragen mit besonderer Dringlichkeit, und ihr globaler Charakter wird in aller Deutlichkeit klar. So lange Trawler, deren Fang auf europäischen Tischen und Tellern landet, die Meere vor den afrikanischen Küsten leerfischen, werden aus Fischerbooten Flüchtlingsboote. So lange die europäische Handelspolitik aus Kleinbauern Landlose macht, werden aus altersschwachen Lastkraftwagen lebensgefährliche Transportmittel durch den Sand der Sahara. So lange wir Waffen aller Kaliber in Konflikte in aller Welt versenden, werden Menschen in entgegengesetzter Richtung Zuflucht vor den Kugeln suchen. Und schließlich nehmen sich Menschen im globalen Süden das gleiche Recht auf Bewegungsfreiheit, das die westlichen Eliten global für sich reklamiert haben.

Die Reaktion

Die heutigen Reaktionen auf die Botschaft der Geflüchteten ähneln denen in der französischen Restaurationszeit. Dem Medusa-Gemälde von Théodore Géricault gingen Zeugnisse von Überlebenden voraus. Zwei von ihnen, der Geograph Alexandre Corréard und der Schiffsarzt Jean Baptiste Henri Savigny, hatten einen drastischen und schonungslosen Bericht des Geschehens veröffentlicht. Der Text wurde verboten, die beiden unehrenhaft aus dem Dienst entlassen. Der Zynismus heutiger Eliten mit der herausfordernden Botschaft steht dem in nichts nach. Hohe Beamte aus deutschen Ministerien und der EU-Bürokratie fliegen in der den Geflüchteten entgegengesetzten Richtung über das Mittelmeer. Sie versprechen afrikanischen Regierungen Milliardensummen, damit diese die Geflüchteten an den Grenzen aufhalten. Wer zögert, wird mit der Erschwerung von

Handelszugängen bedroht.[19] Die Botinnen und Boten sollen gar nicht erst die Mittelmeerküsten erreichen. Den fast 5.000 im Mittelmeer getöteten Menschen in diesem Jahr[20] zum Trotz werden nach wie vor Retterinnen und Helfer, die Geflüchtete an Bord nehmen, als Schlepper kriminalisiert. Auf Bundesebene und mit Unterstützung einiger Länder bereiten die Verwaltungen einen Winter der Massenabschiebungen vor.

Die Hoffnung

So wie es ein Jahrzehnt nach der Ausstellung von Géricaults Gemälde im Juni 1830 in Paris zu den Aufständen kam, die von der Obrigkeit befürchtet wurden, so gibt es auch heute gute Gründe für eine Hoffnung auf Veränderung. In den vergangenen zwei Jahren haben sich zehntausende EuropäerInnen für Geflüchtete engagiert. Sie haben im kurzen „Sommer der Migration" die Ankommenden an der griechischen Küste empfangen und mit dem Nötigsten versorgt. Im darauffolgenden „Winter der Grenzschließungen" haben Freiwillige jene unterstützt, die auf der eisigen Balkanroute festsaßen und damit ein Zeichen gesetzt, dass sie die brutale europäische Politik der Grenzschließungen und des Mauerbaus nicht mittragen. Ein zivilgesellschaftliches Netzwerk hat Initiativen wie Seawatch und Watch the Med hervorgebracht, die das grausame Sterben auf dem Meer nicht mehr hinnehmen wollen und mit eigenem Geld und Engagement die zivile Seenotrettung in die Hände genommen haben.

---

[19] Als eine der wenigen Medien hat die 'tageszeitung' am 16.12.2016 diesem Thema eine ausführliche Doppelseite gewidmet.
[20] Die International Organisation of Migration zählt 4.901 im Mittelmeer getötete MigrantInnen. (Stand 19.12.2016).

Sie alle wurden und werden als Gutmenschen verspottet und diffamiert. In vielen Orten werden sie angegriffen und ihr Eigentum wird beschädigt. Sie müssen sich gefallen lassen von einer informellen Koalition, die von Horst Seehofer bis Frauke Petry reicht, für ihre Arbeit verächtlich gemacht zu werden. Von der offiziellen schwarz-roten Koalition werden sie hingegen als kostenlose Lückenbüßer für eine gesellschaftliche Aufgabe missbraucht. Sie haben sich dennoch nicht entmutigen lassen.

Gemeinsam mit den Geflüchteten haben sie eines gezeigt: Es gibt sie längst, die Netzwerke des Gemeinsamen, des anderen Organisierens, des Widerstands gegen autoritäre Zurichtung und traurige Vereinzelung, des Strebens nach dem guten Leben für alle. Mag vieles – wie es in einem Video des Blockupy-Bündnisses heißt – auch aus der Not geboren, einiges im Elfenbeinturm erdacht, vieles im Kleinen gescheitert oder im Großen nur zum Teil gelungen sein – egal. „Es gibt sie." Grenzübergreifend.

Und wir brauchen sie dringender denn je. Der kurze „Sommer der Solidarität" hat gezeigt, was passieren kann, wenn das Bewusstsein des Gemeinsamen bei vielen erwacht und Ländergrenzen verdampfen in einem Mitgefühl, das uns alle vereint. Wenn Menschen aus Parteien, Aktivist*innen aus Bewegungen, Kolleg*innen aus Gewerkschaften, Vereinen und Initiativen zusammenkommen, um deutlich zu machen: Europa können wir selbst anders machen: solidarisch, demokratisch, grenzenlos. Ihnen allen ist klar: So, wie es ist, bleibt es nicht.

Es gibt keinen Automatismus. Wir können verlieren. Aber das werden wir mit Sicherheit, wenn wir stillhalten. Die Entscheidung lautet: entweder Aufbruch in einen grenzübergreifenden Postkapitalismus oder eine allmähliche Fragmentierung der Gesellschaft hin zur organisierten Barbarei, zur permanenten Krise und zum weltweiten ökologischen Zusammenbruch. Es hat längst begonnen. Der Krisenkapitalismus gleicht immer mehr einem einstürzenden Altbau, in dessen Gebälk es mit jedem Tag bedrohlicher knirscht. Der Staub rieselt schon herunter. Es ist höchste Zeit, diesen Laden zu verlassen – und eine Skizze, die in Richtung des Notausgangs weist, haben wir bereits in der Hand. Mehr wird es nicht geben. Erst hinter der Tür beginnt der Horizont des Möglichen. Und der Weg dahin entsteht beim Gehen. Worauf warten wir?

Katja Kipping, Parteivorsitzende DIE LINKE und Autorin des Buches: Wer flüchtet schon freiwillig: Die Verantwortung des Westens oder Warum sich unsere Gesellschaft neu erfinden muss, Frankfurt am Main 2016. Die Erlöse des Buches gehen vollständig an medico International, Moabit hilft und die ABC-Tische in Dresden.
Kontakt: Katja Kipping, MdB, Platz der Republik 1, 11011 Berlin. Katja.kipping@bundestag.de

Foto: Katja Kipping

Jasper A. Kiepe
Über Verantwortung

Jasper Kiepe (23) hat zwei Jahre als Freiwilliger mit NGOs in Uganda gearbeitet und studiert derzeit Philosophie, Künste und Medien in Hildesheim. Er sucht auf zahlreichen Reisen den Kontakt zu Menschen, um sich mit der politischen und kulturellen Situation auseinander setzen zu können.

Szenen

Auf dem Rückweg von Paris nach Deutschland wird mein Reisebus angehalten, die einzigen zwei People-of-Colour müssen aussteigen, nur die beiden, und werden fast zwanzig Minuten von der Bundespolizei festgehalten. Aus dem Fenster kann ich erkennen: Einer von ihnen hat einen französischen Pass, einer einen deutschen Personalausweis. Die sogenannten "BioDeutschen" gelten der Polizei augenscheinlich nicht als Gefahr für die Sicherheit des Landes. Ein sudanesischer Freund wird demnächst abgeschoben werden, zurück in den Sudan, den er vor etlichen Jahren verlassen hat, weil sein Vater wegen angeblicher oppositioneller Umtriebe von der Regierung getötet – und auch auf ihn selbst, den ältesten Sohn, Jagd gemacht wurde. Die unglaubliche Geschichte seiner Flucht klingt wie das Drehbuch zu einem Actionfilm. Die Idee meiner Mitbewohnerin, während ihres Studienaustausches ihr Zimmer an einen nordafrikanischen Geflüchteten zu vergeben, wird auf perfide Weise von den Vermietern vereitelt, weil "man schon negative Erfahrungen mit Flüchtlingen aus Syrien gemacht hätte": "Bitte suchen Sie sich einen ordentlichen Menschen zur Zwischenmiete... oh, das haben wir jetzt nicht so sagen wollen, aber suchen Sie sich jemanden anders."

Als mich jemenitische Geflüchtete in Dschibuti zur weltoffenen, sozialen Flüchtlingspolitik der deutschen Kanzlerin beglückwünschten und mir und meinen "Mitdeutschen" für diese guten Taten an der Welt eine reiche Belohnung in der Zukunft voraussagten, war mir eher nach Weinen zumute. Bilder von Leichen an den Stränden des Mittelmeers in den Nachrichten, jeden Tag, und Opferzahlen, die das Vorstellungsvermögen sprengen. Dies sind reale Beispiele aus dem Alltag – auch wenn sie klingen wie eine Polemik.

Argumente
"Aber das sind doch eh alles Wirtschaftsflüchtlinge!" lautet das realitätsverdrehende Argument der politischen Rechten, das suggeriert, dass es sich um eine deutsche oder europäische Krise handelt – bei der das Hauptproblem die Ankunft der zahlreichen Geflüchteten und die befürchteten ökonomischen Konsequenzen sind. Die vermeintliche "Flüchtlingskrise" wird zu einer innenpolitischen Krise umgedeutet. Den sogenannten "Wirtschaftsflüchtlingen", Menschen, die zwar in ihren Herkunftsländern nicht "direkt politisch verfolgt" werden, die aber dafür umso mehr an Armut und Perspektivlosigkeit leiden, wird so ihre Fluchtursache abgesprochen. Es ist ein Argument, das auf niederträchtige Weise den urkapitalistischen Neid auf die Menschen, die auf den vermeintlichen "Kosten anderer" leben, triggern soll – und es eröffnet eine fragwürdige Perspektive von Ethik, bei der es darum geht, sogenannte "politische Flüchtlinge" aus menschenrechtsfanatischem Altruismus in ihrem Kampf gegen die autokratischen Herrscher der sogenannten "Dritten Welt" zu unterstützen, bei der man aber gleichzeitig die

Verhungernden vom sprichwörtlichen Schlauchboot tritt, um ihnen zu sagen: Geht endlich arbeiten wie wir Deutsche, dann wäret ihr auch nicht so arm dran.

Diese selektive Einteilung in die einen, "politische Flüchtlinge", und die anderen, "Wirtschaftsflüchtlinge", ausschließlich von denen vorgenommen, die wahrscheinlich weder die eine noch die andere Dimension von Terror je selbst erfahren mussten, geschweige denn auch nur im Mindesten nachvollziehen könnten, zeigt ein Machtverhältnis auf, in dem von der allseits postulierten "Gleichheit aller Menschen", den "gleichen Grundrechten", einer universellen "Menschenwürde" und ähnlichen Schlagwörtern, die augenscheinlich von sogenannten Gutmenschen wie mir propagiert werden, keine Rede mehr sein kann. Im Gegenteil, es schafft die Möglichkeit, sich und andere einzig qua Geburt und den damit einhergehenden Besitzverhältnissen einzuteilen, und sich somit auf schleichende Weise Macht über jene, die der anderen Kaste angehören, anzueignen. "Unsere" Demokratie ist eine, an der die Falschen nicht teilhaben dürfen.

Die politische Situation
Die dramatischen Ereignisse, die sich tagtäglich auf dem Mittelmeer und an anderen europäischen Außengrenzen wiederholen, erwecken bei manchen, zu vielen Menschen augenscheinlich kein Mitleid und inspirieren auch nicht zur Selbstverpflichtung. Glücklicherweise engagieren sich trotzdem zahlreiche Menschen für die Bewältigung des katastrophalen Zustands. Umso paradoxer ist es, dass eine konservative deutsche Kanzlerin international mit dem Satz "Wir schaffen das" Furore macht und für diese menschliche Regung wiederum von einem Gutteil ihrer eigenen Anhängerschaft lautstark in den Medien und sozialen

Netzwerken verdammt wird, der selben Anhängerschaft, die sich zwar selbst als "nur konservativ" tituliert und die sich im Prinzip als nichts weiter entlarvt, als eine verkappte Horde auf vulgärste Weise verbal marodierender Rechter im sprichwörtlichen weißen Schafspelz.

Es wird gesagt, dass das alles so weit weg sei (obwohl man von dem Felsen von Gibraltar Afrika mit bloßem Auge erkennen kann). Denen, die mir für Statements wie dieses erzählen, ich solle doch meinen Pass abgeben und selbst beispielsweise nach Uganda auswandern, wenn es mir da so gut gefiele, sage ich nur: Es gibt einfach bessere Menschen als euch! Glücklicherweise sind diese besseren Menschen auch nicht so wenige, wenngleich es noch nicht genug sind: Es sind die Menschen, die sich um ihre heimatlosen Mitmenschen sorgen und bemühen und sich auf vielfältige Weise dafür engagieren, denen, die ihr Zuhause, ihr Land, ihre Familie, ihre Freunde, ihre Gemeinde, ihre Sprache, ihre Sitten, ihre Bräuche, ihre Arbeit, ihr Lieblingsessen und im Prinzip alles, was "ihres" war, hinter sich gelassen haben, ein einigermaßen erträgliches Leben zurückzugeben.
Wie groß muss das Vertrauen der Geflüchteten in uns, ihre Mitmenschen von der anderen Seite sein, um sich auf so absolute Weise unserer Willkür auszusetzen; oder, gegeben die mediale Berichterstattung, in der ja klar und deutlich gemacht wird, dass Europa keinen Platz und kein Mitleid für diese vermeintlich Fremden hat, wie groß muss ihre Verzweiflung sein?
In meinen Augen nehmen diese gegenwärtige Situation, die Verzweiflung, und das daraus resümierende tägliche unkontrollierte Massensterben an den europäischen Außengrenzen alle Menschen, die es sich erlauben können, Verantwortung zu tragen, in die Pflicht.

Verantwortung, nicht Schuld

Ich sage bewusst Verantwortung und nicht Schuld, weil zum einen die Suche nach einem Schuldigen müßig ist, da sie wenig zukunftsorientiert ist: Nichts ändert sich. Zum anderen trifft mich als Individuum keine Schuld, denn ich habe keine Möglichkeit, das Sterben auf dem Mittelmeer zu verhindern. Ich bin auch nicht eins zu eins der Verursacher der Krise (wenngleich angesichts der makroökonomischen und politischen Verflechtungen der globalisierten Welt eine Schuld des sogenannten "Westens" und damit vor allem auch Europas und Deutschlands schwer abzustreiten ist).

Dieses Nicht-Schuldigsein spricht mich jedoch nicht von der Verantwortung gegenüber denen, die die Leidtragenden in diesem Drama sind, frei. Es ist eine Verantwortung zunächst als Mensch, denn dies ist es, was in meinen Augen das Menschlichste ist: Seinen Mitmenschen in einer Zeit der Not die Hand zu reichen, frei von Ressentiments, Ansprüchen und Forderungen. Diese Verantwortung betrifft jeden Menschen, ohne Ausnahme.

Der andere Aspekt der Verantwortung ist gesellschaftlicher Natur: Es ist die Verantwortung dessen, der es sich erstens leisten kann, sie zu übernehmen – es gibt ja durchaus auch Verletzte in unserer Gesellschaft. "Leisten können" bezieht sich nicht nur aufs Geld, sondern auch auf Zeit, Privilegien und das Wahrnehmen der Notlage. Zweitens ist es, um in der Gesellschaft Verantwortung zu übernehmen, notwendig, selbst in eben dieser Gesellschaft zu leben und "stimmberechtigt" zu sein, um den politischen Prozess aktiv mitgestalten zu können.

Die Verantwortung, auf die ich pochen möchte, ist eine solche, die nicht die einen zum Opfer degradieren und die anderen zum Retter krönen soll, auch dient sie weder der Beruhigung des eigenen Gewissens noch der Stärkung der eigenen Position in der Gesellschaft, sondern vielmehr ist die Verantwortung auf eine andere Weise obligatorisch: Der Dienst am Mitmenschen ist Selbstzweck und hat seinen Ursprung nur in der Mitmenschlichkeit selbst. Aussagen wie "wir könnten einmal in derselben Situation sein, deshalb müssen wir helfen" oder "wir sind daran schuld, deshalb müssen wir helfen" sind vor diesem Hintergrund genauso verwerflich wie der autokratisch verordnete Integrationszwang für die "Neuen". Denn die neuen "Neuen" sollten nicht dankbar sein oder dankbar sein müssen, und wir sollten ihre Dankbarkeit weder erwarten noch einfordern. Verantwortung sollte nicht an Bedingungen geknüpft werden: Wenn ich mich als Individuum dazu entschließe, Verantwortung für meine Mitmenschen zu übernehmen, dann eben nicht um der Dankbarkeit willen, sondern weil es meine, pardon, verdammte Pflicht als Mensch selbst an meinem Nächsten ist.

Pflichtbewusstsein heißt im Hinblick auf die "Politikverdrossenheit" in Deutschland und den anderen Mitgliedsstaaten der europäischen Gemeinschaft: Solange Menschen sterben und es solche gibt, die diesem Sterben noch applaudieren und daraus Kapital schlagen zu suchen, darf es sich kein denkendes menschliches Wesen in unserer Gesellschaft erlauben, apolitisch oder leise zu sein – dies sei gesagt auch in Hinblick auf die anstehende Bundestagswahl 2017.

Nun wie die Verantwortung angehen? Die globale Flüchtlingskrise zu beenden, bedeutet nicht nur, ihre Symptome anzugehen – oder das, was manche Menschen darunter verstehen: Nämlich Mauern und Zäune höher zu bauen, die Geflüchteten unter abartigen Bedingungen zu internieren, sie anschließend bis zur Unkenntlichkeit in einem fragwürdigen bürokratischen System zu verheizen und anschließend gegebenenfalls zu deportieren.

Verantwortung ist individuell

Die Verantwortung beginnt mit dem Individuum, und es ist keine Verantwortung als Gesellschaft – denn die Gesellschaft hat als Gesellschaft alle Ressourcen, um Verantwortung zu übernehmen. Es beginnt mit einer aktiven Teilhabe am politischen Diskurs, der zuletzt von einer zunehmenden Verrohung der Rhetorik, der Verbreitung fragwürdiger Statistiken, einer unästhetischen Polemik gegen die Fremden und populistischer Stimmungsmache geprägt war. Doch dieser verbale Sittenverfall gibt manchen offenbar weniger Grund zur Besorgnis als die apokalyptischen Szenarien, in denen die Spatzen das baldige Ende der sogenannten "deutschen Leitkultur" schon von den Dächern pfeifen. Verantwortung übernehmen heißt auch: Vom die Realität verzerrenden Terminus "Flüchtlingskrise" abzusehen und stattdessen die Situation in den Herkunftsländern als Krise zu definieren. Denn die "Flüchtlingskrise" ist eine Krise nur in einer einseitigen europäischen Wahrnehmung, und verheimlicht auf nebulöse Weise die zugrundeliegenden Ursachen – jene Krisen, die die Menschen erst in die Flucht treiben.

Bekämpfung der Ursachen

Menschen verlassen selten aus freien Stücken ihr Heimatland, und darum muss eine Bekämpfung der Ursachen der nächste Schritt sein. Fluchtursachen sind vor allem, wenn auch nicht ausschließlich Kriege, wirtschaftliche Misere, Armut, Arbeitslosigkeit, die zugrundeliegende globale Ungleichverteilung, Medien, die eine ökonomische Heilsperspektive in anderen Ländern versprechen; außerdem vor allem politische Missverhältnisse, das Leben in diktatorischen Regimen, Repression; Diskriminierung und Verfolgung, sei es der Hautfarbe, der sogenannten ethnischen Zugehörigkeit, der Religion, des Geschlechts, der

166

sexuellen Orientierung, der politischen Meinung et cetera wegen. Hinzukommen eine geringe Lebenserwartung, schlechte Gesundheitssysteme, mangelnde Bildungsmöglichkeiten, Umweltverschmutzung, generelle Unfreiheit, Systemverdrossenheit und somit eine allgemeine Perspektivlosigkeit – und dann sind da noch Naturkatastrophen und andere unvorhersehbare humanitäre Krisen.

Jetzt kann sich jeder einzelne die Frage stellen, was er oder sie durch eigenes Handeln, möglicherweise im Alltag, an diesen Ursachen nachhaltig verändern könnte. Doch damit ist das Thema "Flüchtlingskrise" nicht abschließend besprochen. Es bleibt die Frage, wieso sich ein Land wie beispielsweise Deutschland in und von einer globalisierten Welt durch Grenzen und Ursachenbekämpfung isolieren sollte, einer Welt, in der ein vormals statischer Kulturbegriff ohnehin durch vielfältigste Veränderung dabei ist, sich vollends aufzulösen.

Kultur der Gastfreundschaft
Denn im innenpolitischen Diskurs wird häufig vom Aussterben der "deutschen (Leit-) Kultur" gesprochen – und dies dient missbräuchlich zur Forderung nach einer Assimilation von allem Fremden. Doch was eigentlich diese angebliche bedrohte Kultur dieser jungen Nation ist, weiß niemand so recht zu beantworten, da die heutige Gesellschaft zu divers ist – und zu viele verschiedene Gesichter kennt –, um sich noch auf einzelne, universell gültige, statische Aspekte zu berufen; solche Werte und Normen, die für alle "Deutschen" Gültigkeit haben und anscheinend umgekehrt auf alle anderen nicht zutreffen. Im Gegenteil, die fragwürdige Besinnung auf "das Deutsche" wird immer nur dann herangezogen, wenn es gilt, sich gegen die "Fremden" zu profilieren. Sobald man nicht mehr von den "Fremden"

spricht, ist die allverbindende deutsche Kultur vergessen und man betreibt wieder ein fröhliches (wenngleich paradoxes) Othering als individuelles Wesen gegen seinen Nächsten im Binnenland.

Ob die vermeintlich Anderen eigentlich noch so anders sind, wie viele Menschen sich das in Ermangelung eines spezifischen Wissens über das Leben dieser vorstellen – auch das sei einmal dahingestellt: Denn auch die, die anderen Orten geboren sind, sind Kinder derselben globalisierten, digitalisieren Welt – sie sind keine Hinterwäldler, sie wissen Bescheid! – und ihnen sind die Bräuche unserer kapitalistischen Welt ebenso bei der Geburt eingeimpft worden wie den Menschen hier.

Es geht mir auch um eine Kultur der Gastfreundschaft. "Gastfreundschaft" im Sinne von Verantwortung übernehmen bedeutet: Denen Freundschaft zu erweisen, die zu uns kommen – und so sollte man auch die Geflüchteten behandeln: Nämlich als Menschen, die es zu pflegen gilt, denen man nach einer langen Reise die Hand der Freundschaft reicht, und von deren Fremd- und Andersheit man lernen kann – auch, wer man selbst ist, und welch besserer Mensch man sein könnte. Wir können die sogenannte Flüchtlingskrise und alle anderen Krisen nicht mit unseren etablierten "Mitteln", wie finanzieller Unterstützung, sogenannter "Entwicklungshilfe" oder militärischer Intervention beenden – das ist klar. Wir können uns nur menschlich verhalten gegenüber denen, die auf die Gastfreundschaft angewiesen sind – und Verantwortung übernehmen, jede und jeder so viel, wie er oder sie kann, sodass wir so viele Menschen wie eben möglich bei uns aufnehmen können – ohne Vorbehalte, ohne Forderungen. Denen, die sagen, dass die Kapazitäten schon längst erschöpft sind, bleibt nur ein fassungsloses "wo lebt Ihr eigentlich?" zu entgegnen – es sind jene Demagogen, die ihren stolzen Beitrag durch das Bezahlen ihrer Steuern geleistet zu haben glauben, und die das Sterben ihrer Mitmenschen in Kauf nehmen, um nicht selbst die geringsten Abstriche machen zu müssen. Diese Einstellung ist aus vielerlei aufgezeigten Perspektiven bedenkenswert. Doch ich wünsche mir für die Zukunft nicht, diese Menschen politisch mundtot zu machen – vielmehr hoffe ich, dass ihre Ignoranz im selben Maße wie das Vorbild der Engagierten, die ihre Verantwortung bereits wahrnehmen, Warnung und Mahnung für all die noch Untätigen sein wird: anders und besser zu denken und zu handeln.

Foto: Jasper A. Kiepe, 4.v.l.

Dein Name

Wie Du es siehst. Was kannst Du beitragen?

Hier ist Raum für Deine / Ihre Gedanken. Nur ein weißes
Blatt im Strom der Zeit?
Was Denkst Du / denken Sie? Was willst Du und wie willst
Du es / wollen Sie es erreichen?
Erfinden Sie sich neu. Erfinde Dich neu.

Andrej Hunko

Europäische Migrationskontrolle in Libyen - es geht nicht um Libyen

Die libysche Marine und die ihr unterstehende Küstenwache werden zum Türsteher der Festung Europa aufgebaut. Sogar eine Migrationspartnerschaft ist im Gespräch.

Seit dem gewaltsamen Machtwechsel in 2011 unterstützt die Europäische Union eine sogenannte Sicherheitssektorreform in Libyen. Ihre Politik folgt dabei dem Berlusconi-Motto „mehr Öl, weniger Migranten". Die neue libysche Einheitsregierung übt außerhalb von Tripolis kaum Kontrolle aus. Die Polizei und das Militär werden deshalb mit westlicher Unterstützung ertüchtigt, Grenzen und Ölanlagen zu sichern. Ein ungelöstes Problem sind die mehr als 1.000 Milizen, aus denen sich die Angehörigen des Sicherheitsapparates rekrutieren. Auch die Küstenwache besteht aus solchen Verbänden, die ihre Loyalität zu den Autoritäten mitunter wechseln.

Mit der militärischen Mission EUNAVFOR MED hat die Europäische Union ihre Maßnahmen gegen die irreguläre Migration im Mittelmeer auf eine neue Ebene gehoben. Die in EUNAVFOR MED beteiligten Mitgliedstaaten sind offiziell zur „Schleuserbekämpfung" ausgerückt, die Bundesregierung spricht von der Unterbindung des „perfiden Geschäftsmodells der Menschenschmuggel- und Menschenhandelsnetzwerke". Schon dies ist eine nicht zulässige Verallgemeinerung und soll der Akzeptanz der Militärmission dienen. Denn zwar ist der sogenannte Menschenschmuggel tatsächlich ein im zentralen Mittelmeer zunehmendes Phänomen, der Menschenhandel jedoch nicht. Zudem fehlt in den Veröffentlichungen der Beteiligten an EUNAVFOR MED der Hinweis, dass erst die Migrationspolitik der Europäischen Union das Geschäft der Schleuser profitabel macht. Zehntausende Migranten sind deshalb ertrunken.

EUNAVFOR MED wurde am 18. Mai 2015 von den EU-Außen- und Verteidigungsministern in drei Phasen ausdefiniert. Der Rat der EU für Auswärtige Angelegenheiten billigte am 22. Juni 2015 den Operationsplan und den Beginn der „Phase 1" zur Aufklärung und Informationsgewinnung. Zu Beginn startete EUNAVFOR MED mit Schiffen oder Luftfahrzeugen aus neun Nationen, die dem Operationshauptquartier der EU in Rom unterstellt waren. Derzeit besteht der Verband aus acht Schiffen aus Deutschland, Großbritannien, Italien, Belgien und Spanien. Hinzu kommen drei Aufklärungsflugzeuge aus Luxemburg, Spanien und Frankreich. Im Rahmen einer nationalen Unterstellung setzt Spanien sogar ein U-Boot zur „Schleuserbekämpfung" ein, Vorher wurde EUNAVFOR MED durch U-Boote aus Italien und Griechenland unterstützt. Italien steuert Aufklärungsdaten seiner Militärdrohnen bei.

Foto: Deutsche Marine vor Libyen, 28.05.2016, Martin Kolek

Bundeswehr an Bord

Im Juni 2016 beschloss der Rat der Europäischen Union zwei weitere „Unterstützungsaufgaben" für EUNAVFOR MED. Hierzu gehört der „Kapazitätsaufbau" der libyschen Küstenwache und Marine zur Bekämpfung des „Menschenschmuggels" auf der zentralen Mittelmeerroute. Die Durchführung wurde am 23. August 2016 in einer Vereinbarung konkretisiert. Als erster Schritt wurden 78 Angehörige der zur Marine gehörenden Küstenwache auf Kriegsschiffen von EUNAVFOR MED ausgebildet. Im „Ausbildungspaket 2" folgen Module auf dem Festland in Griechenland und Malta sowie Italien. Auch die EU-

Grenzagentur Frontex ist daran beteiligt. Allerdings ist völlig unklar, inwiefern die ausgebildeten Einheiten überhaupt der von den Vereinten Nationen anerkannten libyschen Regierung der Nationalen Einheit loyal gegenüberstehen. Die Bundesregierung zählt mehr als 1.000 Milizen unterschiedlicher Stärken in Libyen, die ihre Loyalitäten immer wieder ändern. Der Präsident der Einheitsregierung, Fayez al Sarraj, hat nicht deutlich machen können, über welche der Einheiten der Präsidialrat das Kommando innehat. Dies betrifft auch die Marine und die ihr unterstehende Küstenwache. Ihre Einheiten operieren laut dem Auswärtigen Amt von acht Basen in den sechs Sektoren Zuwara, Tripolis, Misrata, Benghazi, Derna und Tobruk. Hinzu komme eine unbekannte Anzahl von Festrumpfschlauchbooten.

Auch die Bundeswehr ist seit Beginn von EUNAVFOR MED an Bord. Die „Unterstützungsaufgabe" zur Ausbildung von Angehörigen der libyschen Küstenwache wurde fünf Wochen lang von der deutschen Marine übernommen. Die Bundeswehr hat außerdem 30 Kampfschwimmer vor die libysche Küste, um sich verdächtigen Schiffen nähern zu können, ihre Ladung zu kontrollieren und die Besatzung womöglich festzunehmen. Die Marine beteiligt sich auch mit der Aufklärung verdächtiger Aktivitäten im Mittelmeer, Erkenntnisse stammen aus Überwachungstechnologie sowie aus menschlichen Quellen (der sogenannten Human Intelligence). Die von der Bundeswehr an Bord genommenen Personen werden durch Soldaten einer „Feldnachrichtentruppe" unter anderem nach Informationen zu den Umständen der Flucht, den dabei verausgabten Kosten oder den Transitwegen befragt. Die erhobenen Daten werden im nationalen Führungs- und Informationssystem für das militärische Nachrichtenwesen gespeichert. Auch der Bundesnachrichtendienst beteiligt sich an EUNAVFOR MED.

Deutsche Marine, 28.05.2016, Fregatte Karlsruhe,
Foto: Martin Kolek

Unterstützung von der NATO

Die Militärmission EUNAVFOR MED dient dazu, militärische Kräfte vor Libyen zusammenzuziehen. Der Kampf gegen „Schleuser" ist vorgeschoben und sowieso aussichtslos. Die Geflüchteten werden als Türöffner für die Militarisierung der afrikanischen Mittelmeerküste benutzt, die dürftige Zahl von einigen Dutzend verhafteten „Schleusungsverdächtigen" belegt das. Es ist ohnehin unklar inwiefern es sich dabei wirklich um „Schleuser" handelt. Vermutlich verschafften sich

Bootsinsassen Vergünstigungen, indem sie kleinere Tätigkeiten bei der Überfahrt übernahmen. Vielmehr ist bekannt, dass die paramilitärischen Kommandanten der libyschen Küstenwache selbst Profit aus der Hilfsbedürftigkeit von Geflüchteten schlagen und an den halsbrecherischen Überfahrten verdienen. Ein Bericht von FRONTEX aus dem Jahr 2015 bestätigt das: Demnach bestehen die Anführer der libyschen „Schleusernetzwerke" fast ausschließlich aus aktiven oder ehemaligen Angehörigen von Militär und Polizei. Inzwischen wird EUNAVFOR MED von der NATO unterstützt, die dafür ihre Präsenz im Mittelmeer neu konfiguriert hat. Auch deutsche bewaffnete Soldaten beteiligen sich an der neuen NATO-Mission SEA GUARDIAN, um „ein umfassendes Lagebild [zu] erstellen und den Seeraum [zu] überwachen". Zudem soll SEA GUARDIAN bei der Versorgung von EUNAVFOR MED durch Betankung der dort eingesetzten Schiffe oder der etwaigen Versorgung Verletzter helfen. Dass auch europäische Geheimdienste in und über Libyen operieren, wurde im Oktober vergangenen Jahres bei dem ungeklärten Absturz eines Flugzeugs nahe dem Flughafen in Malta deutlich. Die Maschine wurde von der Regierung in Frankreich gechartert, bei dem Unglück starben fünf Personen. Zunächst hieß es, an Bord seien Mitarbeiter der EU-Grenzagentur FRONTEX gewesen, später war vom französischen Zoll die Rede, der Routen des „illegalen Menschen- und Drogenhandels" aufkläre. Beide Organisationen dementierten die Berichte jedoch. Nach Informationen der Zeitung „Le Monde" bestand die Besatzung aus Angehörigen des Auslandsgeheimdienstes, die Maschine wurde demnach vom Verteidigungsministerium für eine Aufklärungsmission geordert.

Gemeinsame Patrouillen in libyschen Hoheitsgewässern wären riskant

Derzeit befindet sich EUNAVFOR MED mit dem Kreuzen vor libyschen Hoheitsgewässern in der „Phase 2a". Möglich ist das Anhalten und Durchsuchen fremder Schiffe in internationalen Gewässern, sofern diese den Soldaten verdächtig erscheinen. In einer „Phase 2b" können gemeinsame Patrouillen mit der libyschen Küstenwache in den dortigen Hoheitsgewässern folgen. Das wäre jedoch brandgefährlich, denn die Kriegsschiffe in Sichtweite der Küste würden von der libyschen Bevölkerung sicherlich als Provokation empfunden. Wenn sich dabei auch die NATO einmischt, werden unangenehme Erinnerungen an die Luftangriffe von 2011 wach. Erst dadurch wurde Libyen ins totale Chaos gestürzt. Davor hat auch der Botschafter der libyschen Einheitsregierung unter dem Präsidenten al Sarraj in Rom gewarnt. Demnach würde eine Ausweitung der EU-Militärmission die Stabilität und Einheit des Landes gefährden.

Libyen als Partner der Festung Europa bedeutet viel Geld in den Kassen von Rüstungskonzernen. Immer noch ist geplant, Libyen an das EU-Überwachungssystem EUROSUR anzuschließen. Zur Aufklärung und Bekämpfung irregulärer Migration würden libysche Verbindungsbeamte in Rom und Malta stationiert, wo die EU-Mittelmeeranrainer das Netzwerk „Seepferdchen Mittelmeer" betreiben. „Seepferdchen Mittelmeer" ist das regionale Subsystem von EUROSUR. Die libyschen Grenzbehörden erhielten dann Aufklärungsdaten von Satelliten und aus EU-Missionen, darunter auch von Frontex. Womöglich werden für die gemeinsame Migrationskontrolle auch die satellitengestützte Anlagen genutzt, die der italienische Rüstungsgigant Finmeccanica im vergangenen Jahrzehnt an Libyen verkaufte.

Zusammenarbeit mit FRONTEX

Schon nach dem vom Westen betriebenen Sturz von Muammar al-Gaddafi wollte die Europäische Union in Libyen Fuß fassen. In einer Unterstützungsmission „EUBAM Libyen" sollten staatliche bewaffnete Verbände zur Überwachung der Land- und Seegrenzen ausgebildet werden. Die europäischen EUBAM-Missionen dienen der Reform des Sicherheitssektors, wenn in den betreffenden Ländern ein Machtwechsel stattgefunden hat. Sie betreffen die Bereiche Polizei, Terrorismusbekämpfung, Strafjustiz sowie Grenz- und Migrations-management. In Libyen stimmt sich EUBAM eng mit der Unterstützungsmission der Vereinten Nationen (United Nations Support Mission in Libya, UNSMIL) ab.

Mehr als 20.000 ehemalige Kämpfer der Rebellenarmee waren im Rahmen von EUBAM Libyen für eine neue Gendarmerie unter dem Kommando des Verteidigungsministeriums vorgesehen. Ihr Fokus lag auf der Kontrolle der Grenzen in der Sahara. Der Plan war, dass Flüchtlinge aus West- und Zentralafrika dann im Niger, dem Tschad und im Sudan festsitzen und gar nicht erst die Mittelmeerküste erreichen. Für die gemeinsame Migrationskontrolle hatten libysche Militärs, Polizisten und Grenzpolizisten auch mehrmals die EU-Grenzagentur FRONTEX in Warschau besucht.

Neuauflage der EUBAM-Mission

Neben der Abschottung von Migration ging es bei der Unterstützungsmission EUBAM auch ums Öl. Die damals geplante, neue Gendarmerie war laut einem EU-Planungspapier für die Bewachung sogenannter kritischer Infrastrukturen vorgesehen. Hierzu gehören auch Ölanlagen. Die libyschen Ölvorkommen und Ölförderstätten befinden sich weitab von der Küste und werden vor allem vom italienischen Eni-Konzern ausgebeutet. Die Deutsche Erdöl

AG (DEA) unterhält mehrere Hundert Kilometer südöstlich der Hauptstadt Tripolis Förderstätten und für die Verarbeitung nötige Infrastruktur. Auch die deutsche BASF-Tochter Wintershall beutet in einem Konsortium unter Beteiligung der russischen Gazprom acht Ölfelder im Osten aus. Die deutschen Anlagen werden von einer paramilitärischen „Garde zum Schutz der Ölanlagen" bewacht. Wie in Libyen üblich, setzen sich auch diese Einheiten aus bewaffneten Gruppen zusammen, die je nach Region unterschiedlichen Autoritäten unterstehen.

Mit dem neuen Aufflammen des Bürgerkrieges vor zwei Jahren hat die EU die Mission EUBAM Libyen zunächst auf Eis gelegt. Nun ist die Wiederaufnahme militärischer und polizeilicher EU-Maßnahmen zum Kapazitätsaufbau libyscher Sicherheitsbehörden geplant. Derzeit ist EUBAM Libyen mit einer „Lagefeststellung" im Bereich der Grenzüberwachung beauftragt, danach könnten weitere Maßnahmen folgen. Zusammen mit der libyschen Einheitsregierung werden Planungen zu Grenzsicherungsmaßnahmen und rechtlichen Rahmenbedingungen zusammengetragen. Eine Neuauflage von EUBAM Libyen liefe aber Gefahr, dass die unterstützten Verbände schließlich aufeinander schießen. So war es bereits in der früheren Phase der Mission zu beobachten. In der gegenwärtigen Situation wäre sogar ein Bürgerkrieg zwischen den konkurrierenden Regierungen in Tobruk und Tripolis möglich. Vor diesem Problem stünden auch die Vereinten Nationen, wenn sie sich entschließen der neuen Einheitsregierung trotz bestehender Sanktionen wie gewünscht Waffen zu liefern

Übergriffe auf Rettungsmissionen
Als einziger Erfolg von „EUBAM Libyen" galt damals die Zusammenarbeit mit der libyschen Küstenwache. Eigentlich

wäre die Marine-Abteilung nicht nur für die Überwachung der Seegrenzen zuständig, sondern auch für die Rettung innerhalb und außerhalb ihrer Hoheitsgewässer. Libyen ist zwar dem Internationalen Übereinkommen über den Such- und Rettungsdienst auf See von 1979 (SAR Convention 79) beigetreten, kommt jedoch den Verpflichtungen aus dem Abkommen nicht nach. Die libysche Regierung hat auch nicht wie gefordert Informationen zu den Grenzen seiner SAR-Region bekannt gegeben. Eine zuständige und verantwortliche Rettungsleitstelle wurde ebenfalls nicht benannt. Die Leitstelle zur Koordination der Seenotrettung (MRCC) in Rom hat deshalb keine offiziellen Ansprechpartner in Libyen und spricht deshalb von einer „selbsternannten" Küstenwache („self-styled Coast Guard"). Die Bundesregierung benutzte bis zum Herbst vergangenen Jahres den Begriff „sogenannte libysche Küstenwache".

In der jüngeren Vergangenheit machte diese „sogenannte libysche Küstenwache" durch Übergriffe gegen Rettungsmissionen im Mittelmeer von sich reden, teilweise fielen dabei sogar Schüsse. Unter anderem wurden Rettungseinsätze behindert, zu denen die Schiffe der Seenotretter von der Rettungsleitstelle in Rom entsandt wurden. Das geschah außerhalb der Hoheitsgewässer (die sogenannte 12 Meilen-Zone) und ist deshalb illegal, denn eine Anmeldung zum Befahren der 24 Meilen-Zone ist nicht erforderlich. Am 24. April vergangenen Jahres stürmten uniformierte Bewaffnete ein Schiff der Rettungsorganisation Sea Watch außerhalb libyscher Hoheitsgewässer und schüchterten die Besatzung mit Warnschüssen ein. Am 17. August wurde das Rettungsschiff „Bourbon Argos" der Organisation Ärzte ohne Grenzen von einem libyschen Schnellboot geentert und beschossen, 13 Projektile schlugen dabei auf der Brücke des Schiffes ein. Am 7. September wurden zwei Helfer des deutschen Vereins Sea-Eye auf See festgenommen, angeblich weil sie mit ihrem Schnellboot aus tunesischen Gewässern kommend in libysches Hoheitsgebiet eingedrungen waren. Im Oktober 2016 wurde das Schiff „Iuventa" der Organisation Jugend Rettet kontrolliert. Die Besatzung der libyschen Küstenwache hat dabei mit Kalaschnikow-Gewehren auf die Retter gezielt.

Geflüchtete ertrinken nach Vorfall mit Küstenwachschiff
Am 21. Oktober folgte ein Übergriff auf eine Rettungsaktion der SeaWatch, in dessen Folge bis zu 30 Geflüchtete ertranken. Ein Schiff der libyschen Küstenwache hatte zunächst die Rettungsaktion in der 24 Meilen-Zone, mit der das Schiff „Sea Watch 2" von der Rettungsleitstelle in Rom beauftragt worden war, behindert. Ein Uniformierter enterte das Schlauchboot und schlug auf die an Bord befindlichen Personen ein. Bei der Aktion beschädigte das Heck des Küstenwachschiffes eine Kammer des Schlauchbootes, das daraufhin an Luft verlor. Es brach Panik aus, fast alle der etwa 150 Insassen rutschten vom Schlauchboot ins Wasser. Daraufhin verließ die Küstenwache den Ort des Geschehens. Dabei hätten die libyschen Milizen eigentlich der „Sea Watch"-Crew unterordnen müssen. Denn das Rettungsschiff übernahm auf Anweisung der italienischen Rettungsleitstelle die Rolle eines „On Scene Coordinators", was gemäß dem Seerecht das zuerst eingetroffene, das am besten ausgerüstete Schiff oder das von der Leitstelle angewiesene Schiff bezeichnet. „On Scene Coordinators" können hinzu kommenden Schiffen Weisungen erteilen.
Die libysche Marine hatte bereits beim Überfall auf das Schiff „Bourbon Argos" eine interne Untersuchung versprochen, die verlief allerdings im Sande. Soweit bekannt, wurden auch die Übergriffe auf die „Sea Watch 2" und die „Iuventa" nicht weiter verfolgt. Es wäre ein Leichtes, die Verantwortlichen für die Übergriffe zu finden, denn von mehreren Vorfällen existieren

Fotos, auf denen die Schiffe, ihre Kennung und sogar die Besatzungsmitglieder gut zu erkennen sind. Das Auswärtige Amt ist hingegen nach eigener Aussage nicht einmal in der Lage zu ermitteln, von welcher libyschen Miliz das Schnellboot des Vereins Sea-Eye beschlagnahmt und einbehalten wurde. Mit dieser Untätigkeit fällt die Bundesregierung den privaten Rettungsmissionen in den Rücken. In der Antwort auf eine unserer Kleinen Anfragen heißt es, die Schusswaffeneinsätze der Küstenwache seien auf „unerfahrenes und nicht entsprechend ausgebildetes Personal" zurückzuführen. Die Aussage des Auswärtigen Amtes ist an Zynismus nicht zu übertreffen, denn es wird so getan als könnten die libyschen Milizen durch EU-Soldaten gebändigt und kontrolliert werden. Das hat aber bereits bei der EU-Mission EUBAM Libyen nicht funktioniert.

Migrationspartnerschaft mit Libyen?
Die Lage in Libyen ist weiter instabil. Konflikte gibt es unter anderem zwischen der Einheitsregierung und dem konkurrierenden Parlament in Tobruk bzw. dem dort amtierenden Luftwaffengeneral Khalifa Haftar. Er gilt als machthungriger Alleingänger und kommandiert große Teile der ehemaligen Armee. Haftar verfügt über ein beträchtliches Waffenarsenal des ehemaligen Gaddafi-Regimes, darunter Flugzeuge und Hubschrauber, Panzer, gepanzerte Gefechtsfahrzeuge sowie Artilleriewaffen. Milizen der Öl-Garde Haftars hatten vor einigen Monaten sämtliche Ölhäfen im Osten des Landes besetzt. Nur die Öl-Garde in Zentrallibyen, wo sich einige Förderstätten europäischer Konzerne befinden, erklärt ihre Loyalität zur Regierung der Nationalen Einheit in Tripolis. Immer wieder erheben sich jedoch auch in der Hauptstadt Milizen gegen den Präsidenten al Sarraj. Verbände des ehemaligen Ministerpräsidenten Khalifa al-Ghweil besetzten im Herbst Regierungsgebäude,

ein Hotel und eine Fernsehstation. Die Einheitsregierung bezeichnete die Kämpfe als Putsch, al-Ghweil hingegen fordert eine Berücksichtigung bei der Regierungsbildung. Deutlich wird, dass die (auch von der Bundesregierung betriebene) Anerkennung und Unterstützung der libyschen Einheitsregierung durch die Vereinten Nationen voreilig war. Dessen ungeachtet wird der Druck auf die libysche Regierung erhöht. Im Sommer hat die Europäische Kommission Libyen als eines der Länder genannt, das mit „positiven und negativen Anreizen" erzogen werden soll. Es winken Gelder in den Bereichen Entwicklungspolitik und Handelsbeziehungen, jedoch sind diese an Bedingungen geknüpft. Als beliebtes Druckmittel gelten die sogenannten Migrationspartnerschaften. Die teilnehmenden Länder erhalten Vergünstigungen bei der Vergabe von Visa, es werden kleinere Kontingente für die legale Arbeitsmigration geschaffen. Im Gegenzug müssen die Regierungen Abschiebeabkommen unterzeichnen und zunächst ihre eigenen, und später auch alle anderen über ihr Territorium eingereisten Staatsangehörigen zurücknehmen, wenn diese in der Europäischen Union keinen Schutzanspruch geltend machen können. Der FRONTEX-Verwaltungsrat hat dem Exekutivdirektor der Agentur mittlerweile das Mandat erteilt, Verhandlungen zu einem Arbeitsabkommen mit Libyen zu führen, gleichlautende Verträge sind mit Ägypten, Tunesien, und Marokko geplant. Als Ansprechpartner hat der libysche Präsidialrat wie gefordert eine neue Abteilung „National Team for Security and Border Management" einberufen.

Bundesregierung fördert „Grenzmanagement" in Libyen
Die Europäische Union hat außerdem ein „Paket substanzieller Soforthilfe" in Höhe von insgesamt 100 Mio. Euro zugesagt. Das klingt sinnvoll, denn es sollen Projekte des Flüchtlingshilfswerks der Vereinten Nationen zum Schutz

von Flüchtlingen und Asylsuchenden gefördert werden. Die EU-Programme dienen jedoch dazu, Migranten von Europa fernzuhalten, notfalls mit Gewalt. Dies hatte der Europäische Auswärtige Dienst kürzlich in einem geheimen Strategiepapier beschrieben. Demnach müsse erwogen werden, weitere Lager oder Haftanstalten in Libyen einzurichten. Auch diese Einrichtungen werden aber von Milizen mit unklarer Zuständigkeit geführt. Die dortigen brutalen und menschenverachtenden Haftbedingungen wurden zuletzt von Amnesty International beschrieben und sind auch der Bundesregierung bekannt. Das Auswärtige Amt hat auf Nachfrage bestätigt, dass Geflüchtete in den Gefängnissen Misshandlungen, Folter und Morden ausgesetzt sind.

Auch die Bundesregierung verfolgt eigene Vorhaben in Libyen, die als „Grenzmanagement" beschrieben werden. Derzeit warten die zuständigen deutschen Ministerien auf konkrete Anträge der Einheitsregierung. Das Auswärtige Amt kündigt außerdem Informationskampagnen an, die sich an „potenzielle Migranten" richten und vor „Risiken und Perspektiven einer Überfahrt nach Europa" warnen sollen. Das ist zynisch, denn das größte „Risiko" ist die Festung Europa, die Geflüchtete zu halsbrecherischen Überfahrten zwingt. Auch die Europäische Union hat deshalb Tausende von Toten auf dem Gewissen.

Die EU-Politik in Libyen folgt dem früheren italienischen Premierminister Silvio Berlusconi, der das Motto „mehr Öl, weniger Migranten" ausgab. Die libysche Küstenwache ist dabei weiterhin der verlässlichste Partner. Die militärische Zusammenarbeit von EU und NATO mit diesen marodierenden Einheiten ist Ausdruck einer Migrationspolitik, die nur die Abwehr von Flüchtlingen im Sinn hat und dabei über Leichen geht. Nun stehen sogar gemeinsame Einsätze libyscher und europäischer Militärs auf dem Hoheitsgebiet

Libyens im Raum. Neben der Kontrolle von Migration und Öl geht es bei der Militarisierung des zentralen Mittelmeers auch um geopolitische Interessen. So verwundert es nicht, dass nun auch die russische Regierung eine Militärbasis in Libyen ins Gespräch bringt und dazu mit der Tobruk-Regierung zusammenarbeiten will. Es braucht aber keine weiteren militärischen Abenteuer, sondern sichere Überfahrten für Geflüchtete und eine Entwicklungsperspektive für Libyen und die Region. Die EU-Mitgliedstaaten müssen ihre auf Einmischung und Kontrolle ausgerichtete Nordafrika-Politik deshalb grundlegend überdenken.

Andrej Hunko (DIE LINKE) aus dem Wahlkreis Aachen ist Abgeordneter im Deutschen Bundestag. Die Fraktion hat ihn als europapolitischen Sprecher benannt, zudem ist er Mitglied der Parlamentarischen Versammlung des Europarates. Zu seinen Schwerpunkten gehören die Europa- und Außenpolitik. Weitere Themen sind das deutsche Drohnenprogramm, die grenzüberschreitende Polizeizusammenarbeit und die Nachbarschaftspolitik der Europäischen Union. Alle parlamentarischen Initiativen, darunter auch viele Kleine Anfragen zu Libyen, finden sich auf der Webseite des Bundestages und unter http://www.andrej-hunko.de.

Foto: Andrej Hunko

Waltraud und Reimund Teigeler

„Hier bin ich über, hier gibt es genügend Helfer. Wir stehen auf der Sonnenseite. Da gibt es auch eine Verpflichtung zu teilen".

Aus einem Gespräch. Interview und Zusammenfassung: Martin Kolek

Das Ärzteehepaar Teigeler aus Salzkotten beschäftigte sich seit Jahrzehnten mit dem Gedanken, ihrer Neugier auf die Welt zu folgen. Sie wollten gerne helfen, aber auch erfahren, wie Menschen in anderen Teilen der Welt leben und sehr häufig überleben müssen. Mit 57 Jahren gaben sie ihre berufliche Tätigkeit in Salzkotten (Ostwestfalen) auf.

„Unsere Entscheidungen waren pragmatisch. Nachdem unsere 5 Kinder auf eigenen Füßen standen, haben wir überlegt, ob es wirtschaftlich für uns noch notwendig war, gegen Entgelt zu arbeiten. Nur die Vermehrung des Erbes schien uns keine ausreichende Motivation zu sein, auf unseren „Jugendtraum", die reale Welt kennen zu lernen, zu verzichten. Man muss schon etwas neugierig sein und verstehen wollen, was wir hier machen auf diesem Planeten. Man weiß sonst gar nicht, wo man lebt, man muss es selber erfahren wollen. Es gibt so viele vorurteilsvolle Informationen. Wir haben als Allgemeinmedizinerin und als Chirurg gearbeitet und haben danach 17 Jahre lang als Ärzte zeitlich befristete Einsätze gemacht - in Tansania, Malawi, Uganda, auf den Philippinen und in Kalkutta/ Indien. Wir wussten anfangs nicht, ob wir es überhaupt schaffen, unter ganz anderen ungewohnten Bedingungen zu arbeiten.

Durch diese Arbeit verändert sich natürlich auch die Sicht auf das, was wichtig ist im Leben. Was Armut wirklich bedeutet, spürt man erst nach einem viertel Jahr in einem Land; erst dann kann man unter die Oberfläche schauen.

Es gab in Tanzania Situationen, wo die Menschen das Geld für den Aufenthalt eines Kranken im Krankenhaus nicht aufbringen konnten - die Behandlung durch uns war kostenlos - und somit das Leben eines Familienmitglieds aufs Spiel gesetzt wurde, weil sonst die anderen Familienmitglieder nichts zum Leben gehabt hätten. Wasser - wir haben erlebt, nicht nur gedacht - wie wichtig Wasser ist. Und wie leidenschaftlich junge Menschen lernen wollten, wissbegierig dem Unterricht folgen wollten. Die Schule allerdings verlangte Schulgeld. Die sehr freundlichen jungen Menschen haben manchmal nach der Schule Autos überfallen und Leute ausgeraubt, um das Geld zu organisieren.

Als Chirurg habe ich im Kriegsgebiet – 2001 waren wir in Uganda während des Bürgerkrieges - unglaubliche Verletzungen behandelt. Manchmal waren wir bei einer völlig zerstörten Schulter froh, - an dieser Schulter wird kein Gewehr mehr angelegt.

Was dort auf Dauer passiert ist natürlich, dass diejenigen, die intelligent waren, sich aus der zunehmenden Verrohung herausretteten. Die verlassen die Gegend, wir würden das auch tun. Es gibt keine Bildungs- und Arbeitsmöglichkeit. Und diejenigen, die bleiben, laufen Gefahr, weiter zu verrohen.

Wir haben Projekte unterstützt und aufgebaut. Die Erfahrungen, die wir gemacht haben, wollen wir nicht missen, aber sie auch nicht wiederholen. Wir fühlten uns auch überfordert, wenn in Tanzania z.B. Patienten lastwagenweise quasi abgekippt wurden, es aber keine Medikamente gab. Doch die positiven Erfahrungen überwiegen, z.B. die große Dankbarkeit, die wir gespürt haben.

Das alles geht nur mit Freude am Kontakt mit Mitmenschen anderer Kulturen, Neugier und auch mit Abenteuerlust, oder sowas wie Lust auf Neues. Handeln aus reiner Humanität hätte uns über die Jahre überfordert. Große Achtung für Menschen, die das schaffen.

Es bleibt die Frage, was den Ländern helfen kann. Unserer Meinung nach z.B. ein Schuldenerlass. Wir haben erlebt, wie in Tansania 2004 durch die Gelder des Schuldenerlasses viele Schulen entstanden und Krankenhäuser wiedereröffnet wurden, weil plötzlich wieder Geld für Angestellte da war. Ein unglaublicher Fortschritt für die Menschen in entlegenen Gegenden.

Viele sagen, es sei nur ein Tropfen auf den heißen Stein. Wir als Mediziner gehen davon aus, dass der Tropfen für viele Menschen eine wesentliche Verbesserung der

Lebensperspektive und für den einzelnen Erkrankten eine 100% Heilungschance sein kann.

Hier in Salzkotten wurde ein „eine Welt-Laden" aufgebaut. Produzenten erhalten einen existenzsichernden Lohn und Abnahmegarantie. So haben sie eine Sicherheit und produzieren Dinge, die einfach qualitativ gut sind, Dinge, die praktisch sind und gefallen, und die werden auch hier gekauft. Das bedeutet Anerkennung der Fähigkeiten Menschen anderer Kulturen und die Möglichkeit für diese Menschen, für den eigenen Lebensunterhalt zu sorgen.

Von oben etwas zu erreichen ist schwieriger als von unten. Von oben verordnete Menschlichkeit hat wenig oder keinen Effekt, sondern jeder muss sich fragen, welches sind die Werte, die mein Handeln bestimmen sollen."

Waltraud (72)
und
Reimund (75)
Teigeler

Nachwort:

Mit langer Vorbereitung war ich nur für wenige Wochen mit der „Sea-Watch2" im zentralen Mittelmeer im Einsatz. Unerfahren in der Handhabung eines solch großen Schiffes zumal in einer derartigen Situation wurde ich in eine formal verantwortliche Position des 1. Offiziers eingesetzt: Völliges Neuland und lediglich machbar in der Unterstützung Aller an Bord.

Gut vorbereitet, aber letztlich unerwartet kamen wir mit den vielen Ertrunkenen in Kontakt. Besonders die Kinder haben mich angerührt, alle mir einsatzfähigen Möglichkeiten in Gang zu setzen, ihre Situation zu teilen, mitzuteilen. War das alles nur ein Ausflug auf die Schattenseite? Mission-possible. Fragen kamen auf: Was kann ich an Land machen? Wer macht mit? Und wer teilt die Bereitschaft an Land? Ein Buch erschien mir als handgreifliche Form. Mein Vorgehen war zielstrebig und unerwartet unanstrengend.

Viele Menschen sprach ich an, - nur diejenigen, die sich von sich selbst angesprochen fühlten und unmittelbar aktive Bereitschaft zeigten, blieben im Kontakt.   Wer würde so etwas verlegen? - Ein Buch, in dem Menschen Klartext schreiben, das nicht von vornherein in einer Zielrichtung mündet - wer würde hier mitmachen? Verlage sind für dieses Vorhaben zu langsam, zu ökonomisch ausgerichtete Instanzen, insofern musste es, so die Erkenntnis im Nachhinein, schwierig sein, bei diesen anzukommen. Lange habe ich gezögert. Solange, bis ich merkte, das Projekt geht unter und würde bestenfalls Ende 2017,- also viel zu spät und inhaltlich und stilistisch geglättet publiziert.

Bereits 2013 habe ich im Eigenverlag das Buch „Vergessen? – Polnische und sowjetische Zwangsarbeiter und Kriegsgefangene" herausgegeben. Ich hatte mich mit vielen

Zeitzeugen unterhalten und war anscheinend zu tief in eine gesellschaftliche Tabuzone vorgedrungen, als dass ein wirkliches und ökonomisches Interesse daran bestand, sich mit als ganz alltäglich erlebten Abwertungen und Vernichtung von Menschen auseinanderzusetzen. Es fand sich einfach kein Verlag. Also gab ich das Buch selbst heraus.

Bei NEULAND ist es anders, - es geht nicht um die Möglichkeit einer neuen und ehrlichen Einschätzung einer scheinbar ´historischen, vergangenen` Situation, sondern um das Erkennen, Entscheiden und Handeln in der Gegenwart. Und das ist besonders für Menschen, die im Wohlstand leben, vergleichsweise einfach, - sollte man glauben.
Sind wir so frei, wie wir denken? Ja.

Nichts kann uns daran hindern, die Freiheit und das Leben als ein an sich wertvolles Gut zu teilen.- Es sei denn, wir erlauben und praktizieren unsere eigene Eingrenzung.

NEULAND, mission-possible.

Notwendigerweise findet dieses mentale „Neuland" in einem von formalen Gesetzen und Regeln unbefangenen Terrain statt. Das Leben und das Menschliche schlechthin und das von jedem Gesetz unabhängige Recht auf Leben kann nicht politisch verhandelt und beschlossen werden. Es liegt außerhalb jeglicher juristischer Wirkkraft.
Gleichwohl können Gesetzgeber und politische Beschlüsse, die ´mentale und physikalische Einzäunung` von Menschen bewirken.
Dabei erscheint der Schutz nach außen als ein Gefängnis, dessen Türen von innen verschlossen werden.

NEULAND ist eine mentale und reale Praxis, die sich der eng gesetzten Spielräume der Erfahrung entzieht. Dabei werden bisher nicht denkbare Möglichkeiten real. Diese machen Arbeit und wollen gelebt werden. Die Energie und Freude entsteht beim Tun.

Bestellungen des Buches sind auch direkt über bestellung@neuland-mission-possible.de möglich.

Zum Cover:

Das Foto auf der Vorderseite wurde vom Quadrocopter der Filmemacher und Journalisten Christian Büttner und Andreas Kuno Richter aus Berlin aufgenommen. Es zeigt die ´Sea-Watch2` am 27.05.2016.

Auf der Rückseite ist ein Detailausschnitt aus dem Schriftzug auf der backbord-Seite der Sea-Watch2 zu sehen.

Martin Arnold Maria Kolek, Jahrgang 1966, studierte Soziologie, Erziehungswissenschaft und Systematische Musikwissenschaft in Hamburg und Musiktherapie in Berlin, verheiratet, drei Söhne, 20 Jahre Diplom - Musiktherapeut in einer Allgemeinpsychiatrie und spezialisiert auf die Behandlung von Menschen mit Depressionen; Kinder- und Jugendlichen-Psychotherapeut in der psychotherapeutischen Versorgung besonders von unbegleiteten Kindern und Jugendlichen; politisch denkend seit früher Jugend, Segler.
kolek@klangfenster.de